MADRID

«Si tuviéramos que construir una computadora con igual capacidad que el cerebro humano, tal ingenio ocuparía una extensión equiparable a la de uno de los mayores estados de los Estados Unidos de América. La energía para hacerlo funcionar generaría calor suficiente para calentar los océanos y desajustaría el equilibrio térmico del mundo.»

Usted cuenta con tal ingenio. No necesita sino desarrollarlo, aprenderlo, utilizarlo o descubrirlo con ejercicios «espirituales». Puede comenzar ahora mismo. EL PODER TOTAL DE LA MENTE le dice cómo utilizar este sorprendente 90 por 100 de su mente SIN tener que recurrir a la fuerza de voluntad, a la concentración, al «stress» o al esfuerzo. Con los procedimientos y transcripciones de visualización mental que le ofrecemos en este libro, usted estará en condiciones de UTILIZAR SUS NUEVAS CAPACIDADES INMEDIATAMENTE.

DR. DONALD L. WILSON

EL PODER TOTAL DE LA MENTE

Nuevo método paso-a-paso
para utilizar el otro 90 por 100
inactivo de su mente

NUEVOS TEMAS

Título del original inglés:
TOTAL MIND POWER

Traducción de:
VICTOR A. MARTINEZ DE LAPERA

ISBN: 84-7166-719-3
Depósito legal: M. 27639-1988

IMPRESO EN ESPAÑA   PRINTED IN SPAIN

Artes Gráficas EMA, S. A. Miguel Yuste, 27. 28037 Madrid

CONTENIDO

CONTENIDO

*Este libro está dedicado
a todo el mundo*

SOBRE EL AUTOR

El doctor DONALD. L. WILSON practica la medicina en San Francisco. Basa los procedimientos del PODER TOTAL DE LA MENTE en una síntesis de los proyectos de investigación llevados a cabo por las universidades más famosas del mundo. Ha reunido todo lo mejor en un libro que sirve como ayuda personal y que conduce a resultados inmediatos y prácticos.

NOTA DEL AUTOR

Se aconseja leer este libro de principio a fin. Se han simplificado u omitido los términos técnicos, médicos o científicos. De esta manera se facilita su utilización por cualquier persona, no importa la cultura que posea. En cada capítulo se presentan nuevas ideas que deben ser utilizadas con los métodos paso-a-paso descritos.

Usted será capaz de utilizar los enormes poderes de su mente inmediatamente después de leído este libro de principio a fin.

INTRODUCCION

Indudablemente, la mente es una de las herramientas más poderosas de que dispone la humanidad para intentar realizar las tareas de su existencia. Y, sin embargo, la mayor parte de ese potencial no es aprovechado. De hecho, los científicos estiman que utilizamos únicamente el 10 por 100 de nuestras inteligencias, dejando intacto el otro 90 por 100. En este libro pretendo indicarle cómo emplear el poder total de su mente, de manera que sea capaz de alcanzar cualquiera de las metas que se proponga. Le hablaré también de cómo puede contribuir en la búsqueda de un mejor desarrollo físico y mental.

Los principios del poder total de la mente no son nuevos, pero este libro es la primera presentación completa que se hace del tema, y de forma adecuada para poder emplear tales principios. Hasta hoy, la mayor parte de la información acerca de cómo funciona la mente ha permanecido oculta en las bibliotecas y en las estanterías de los centros de investigación. Yo me impuse la tarea de desempolvar de esas bibliotecas y estanterías los materiales documentales y de investigación y darles forma, para poder

17

así ayudar al público en general en todo lo referente a una mejor salud y a una vida más plena.

A lo largo de los años utilicé el Poder Total de la Mente en mí mismo, en mis pacientes y amigos. Los colegas médicos me han preguntado en numerosas ocasiones cómo podrían aplicar ellos esos conocimientos en su práctica profesional. En parte, este libro ha sido escrito para responder a esas preguntas y también —tal vez fue ésta la razón más importante— para ofrecer a cada persona el conocimiento que le ayude a utilizar las técnicas del Poder Total de la Mente en su propio provecho.

El Poder Total de la Mente nada tiene que ver con la religión. Usted no tiene necesidad de entrar a formar parte de un grupo o de un culto, ni de pagar la cuota de socio de un club o retirarse de la sociedad. Al contrario, el Poder Total de la Mente exige únicamente que usted crea en la existencia de unos vastos recursos de la mente —aproximadamente un 90 por 100— sin utilizar en cada uno de nosotros.

El Poder Total de la Mente exige que tengamos fe en nosotros mismos, en un potencial que todos poseemos pero que no ha sido tenido en cuenta durante el tiempo anterior de nuestra vida. No se halla en conflicto con el mundo que nos rodea; por el contrario, nos equipa con los pertrechos necesarios para vivir mejor en el mundo y para disfrutar más de la vida.

No se trata de medicamentos, comprimidos, largas sesiones de concentración o meditación, cursos de estudio, o cualquiera de los innumerables recursos popularizados por los numerosos cultos y filosofías místicas que han intentado ofrecer panaceas a los problemas humanos. El Poder Total de la Mente sólo exige que usted emplee su mente para resolver los problemas científicos que se le presenten y para mejorar su propio yo. Basta con dirigir la mente hacia las necesidades específicas.

La misión del Poder Total de la Mente consiste en abrirle a usted las puertas al amplio campo de su mente y mostrarle cómo debe activarlo a fin de que trabaje para usted. Este gran potencial ha estado siempre presente en usted, pero debido a numerosos factores, entre los que se cuentan la influencia de nuestra educación, las exigencias y presiones de la sociedad, y el hecho de que la información sobre el Poder Total de la Mente haya permanecido oculta en libros y documentos, no hemos tenido conocimiento de esta herramienta preciosa que puede ayudarnos a obtener resultados insospechados.

Es preciso añadir que el Poder Total de la Mente no es una forma sobrenatural, sino un camino sumamente natural de emplear al máximo la inteligencia: ese 90 por 100 que, con demasiada frecuencia, permanece dormido en nosotros durante toda nuestra vida. Este libro ofrece la llave para abrir la puerta a la utilización plena de nuestra mente.

La obra que tiene en sus manos está dedicada a quienes se decidan a utilizar por completo sus mentes, así como para aquellos que intentaron solucionar los problemas por sí mismos o buscando la ayuda externa de amigos, consejeros y profesionales, pero que se han sentido defraudados después de haber gastado mucho dinero, esfuerzos y tiempo.

La solución de su problema será asunto fácil una vez que haya aprendido las técnicas y logrado acceder a su mente total. El Poder Total de la Mente trabajará para usted. Usted tiene que limitarse a aplicar la información y las técnicas descritas en este libro. Se trata de procedimientos probados que han producido los resultados apetecidos en muchas personas y que probarán su eficacia también es usted.

Donald L. Wilson, M.D.

Donald L. WILSON,
Doctor en Medicina
San Francisco

19

1

LO QUE ESTE LIBRO QUIERE MOSTRARLE A USTED

La mente es un instrumento sorprendente. Es un gran colector y almacenador de información, así como controlador de nuestras funciones físicas y mentales. El 90 por 100 de la mente permanece sin ser utilizado diariamente y su uso puede llevar a una vida más saludable, ofreciendo una salud más robusta, mayores prestaciones físicas, una mejora notable de la memoria, reducción de las tensiones, una actitud positiva respecto de los problemas diarios que la vida nos presenta, o mejorar nuestro rendimiento en las canchas de tenis.

Para alcanzar esas metas utilizando el Poder Total de la Mente, haremos referencia a las funciones de la mente realizadas cuando empleamos el 10 por 100 y cuando utilizamos el 90 por 100. El 10 por 100 es la parte que funciona conscientemente en nuestras experiencias cotidianas, tales como el tacto, el ver, el sentir.

El 90 por 100 no utilizado es la porción de la mente de la que nos ocuparemos, a fin de obtener una salud mejor y una vida más plena.

EL CONOCIMIENTO SOBRE LA MENTE HA ESTADO SOMETIDO A UN LARGO DESARROLLO. La mayoría de las informaciones actuales sobre la mente se encuentra en las revistas médicas y científicas. A veces resulta difícil reunir toda esta información y presentarla de manera útil, de ahí que no resulte sencillo encontrarla ya dispuesta para el uso, y también que algunos avances importantes en el uso de nuestra mente no hayan sido divulgados. Fue necesario que pasaran más de 10 años después de su descubrimiento para que la penicilina fuera utilizada por el público, 20 años para que los principios de la televisión encontraran su aplicación comercial, y 100 años para que fueran puestos en uso los conocimientos básicos referentes a las calculadoras electrónicas. La utilización del otro 90 por 100 de nuestra mente ha seguido una senda similar.

PERO EN LA ACTUALIDAD, LOS CIENTIFICOS Y LOS DOCTORES CONOCEN CADA VEZ MEJOR LOS BENEFICIOS QUE PRODUCE LA UTILIZACION DE NUESTRA MENTE DE DETERMINADAS MANERAS, ACEPTANDO SU VALIDEZ. Se han recogido los conocimientos sobre el Poder Total de la Mente, se han sintetizado de manera apta para ser utilizados, combinándolos con aplicaciones prácticas... para permitir a cada uno alcanzar su potencial pleno en todas las áreas de la vida.

Estoy firmemente convencido de que mis esfuerzos para sintetizar las investigaciones y estudios en el terreno de las aplicaciones prácticas del uso de la mente le beneficiarán en muchos sentidos, al igual que me ayudó a mí y a mis pacientes a llevar una vida más plena y saludable.

HAY QUE REALIZAR UNOS PASOS SENCILLOS. Para extraer el poder que se encierra en el 90 por 100 de nuestra mente no utilizada —y que espera prestar sus servicios— existen tres pasos sencillos:

El primero consiste en permitir que la mente derive fácil y libremente a un estado de conciencia concentrada, que difiere de la conciencia cotidiana.

El segundo, en dirigir la mente en una dirección específica a fin de que trabaje para usted de una forma concreta.

El tercero consistirá en dirigir la mente en la sucesión que alcanzará y conservará las metas que se haya propuesto.

En el capítulo 7 ofrecemos los detalles de estos pasos.

LAS TECNICAS DEL PODER TOTAL DE LA MENTE RESULTAN BENEFICIOSAS PARA LA TOTALIDAD DE NUESTRA VIDA. Una buena salud es únicamente la mitad de la historia del Poder Total de la Mente. Puede utilizarse también, y con sumo provecho, para producir hermosos sueños, para mejorar su creatividad y los resultados en el terreno deportivo, y para aumentar el rendimiento en otras áreas de su vida. De todo ello hablaremos más adelante.

Una cosa es común a todas esas áreas de su salud y de las actividades de la vida: que todas están relacionadas con la mente e influidas por ella. Probablemente, usted ha oído hablar de enfermedades psicosomáticas. La literatura médica está plagada de tales enfermedades. Van desde la úlcera de estómago hasta los fuertes dolores de cabeza y situaciones de excitación nerviosa extrema. Cada una de esas enfermedades es un ejemplo de la influencia de nuestra mente en las funciones somáticas. Muchas de estas enfermedades pueden ser eliminadas, o al menos decrecer notablemente, mediante el empleo del Poder Total de la Mente.

¿COMO EMPLEAN LOS MEDICOS LAS TECNICAS DE LA MENTE? Algunos médicos comienzan a instruir a sus enfermos en el uso de su mente para mitigar sus trastornos, pero utilizan toda una amplia gama de técnicas que con frecuencia confunden a los pacientes y resultan totalmente inviables para éstos. Van desde la hipno-

sis hasta el aislamiento sensorial, meditación, instrucciones para
motivar la tarea, procedimientos de relajación, *biofeedback,* yoga,
y otros muchos. Todas estas técnicas poseen rasgos en común en
relación con la mente, y este libro enseñará cómo reunir los mejores rasgos de todas ellas. Además, presentará otras encontradas
en las revistas médicas y científicas. Las técnicas del Poder Total
de la Mente son sencillas, y su uso nada complicado.

EL PODER TOTAL DE LA MENTE Y LA ATENCION MEDICA CO-
RREN PAREJOS. Un beneficio especial de las técnicas del Poder
Total de la Mente consiste en que pueden ser utilizadas a la vez que
otros tratamientos médicos. Las investigaciones médicas demostraron que cuando los pacientes toman un papel más activo en la
utilización de sus mentes para aliviar sus enfermedades tienden a
sanar más rápidamente. Y no existe conflicto alguno entre la
utilización de la mente para sanar con mayor rapidez y la asistencia prestada para los cuidados médicos. Se complementan recíprocamente para alcanzar el restablecimiento de la salud.

ADVERTENCIA: NO OLVIDE USTED VISITAR A SU MEDICO PARA
UNA ADECUADA ATENCION MEDICA. Aunque las técnicas del
Poder Total de la Mente pueden ser utilizadas y aplicadas a todos
los problemas de salud mental y física, no se pretende con ellos
reemplazar el cuidado y tratamiento del facultativo. Si tiene usted
un problema de salud, deberá acudir a su médico. Y después,
juntamente con el tratamiento médico, utilice las técnicas del
Poder Total de la Mente para acelerar el proceso de recuperación.
Explique a su médico los planes que tiene respecto del uso del
Poder Total de la Mente y cómo desea utilizar el poder pleno de
ésta para ayudar a resolver el problema. El médico debería sentirse contento al saber sus intenciones. La discusión de los problemas con él hará que éstos se vean con mayor claridad, de manera
que aumenten las posibilidades de tratarlos con éxito. Como vere-

mos en los capítulos siguientes, un mayor conocimiento acerca de los problemas puede ser útil para la aplicación del Poder Total de la Mente, ya que le capacita a usted para ver la solución: una llave para utilizar la mente en la solución de un problema.

EL PODER TOTAL DE LA MENTE ES UN PLANTEAMIENTO SALUDABLE Y NATURAL PARA UNA BUENA VIDA. Un rasgo distintivo del Poder Total de la Mente es que su utilización se halla en perfecta consonancia con la naturaleza, ya que trata de extraer las capacidades y poderes naturales de la mente. En este libro presentamos todas las técnicas e incluimos ejemplos que usted puede adaptar a sus necesidades concretas. El Poder Total de la Mente es un hábito saludable que usted debe adquirir para todas sus necesidades: para una buena salud y para una vida feliz.

2
EL PODER TOTAL DE LA MENTE...
HARA FRENTE A TODAS SUS
NECESIDADES Y CAMBIARA
TODA SU VIDA

LA UTILIZACION DEL PODER TOTAL DE LA MENTE ES UN PROCESO NATURAL. No requiere pastillas, medicamentos, estimulantes o sedantes, sonidos, cantos, luces psicodélicas. Precisa únicamente de usted y de su mente, así como del deseo de entrar en contacto con ella para obtener los beneficios que usted busca.

EL PODER TOTAL DE LA MENTE NO CUESTA DINERO. Este libro es todo cuanto tiene que estudiar para aprender a utilizar beneficiosamente el Poder Total de la Mente. No tiene que reunirse con ningún tipo de grupo, ni comprar instrumento alguno, ni pagar a consejeros o instructores.

EL PODER TOTAL DE LA MENTE OFRECE RESULTADOS INMEDIATOS. Una vez leído este libro y aplicadas las técnicas, frecuentemente hallará usted inmediatamente la solución a una situación dada. Normalmente, el Poder Total de la Mente no implica un proceso a largo plazo; por el contrario, ofrece un método rápido pero eficaz para superar los obstáculos.

EL PODER TOTAL DE LA MENTE PUEDE SER UTILIZADO EN CUALQUIER LUGAR Y EN TODO MOMENTO. Su mente le acompaña a cualquier lugar. No implica aumento del peso del equipaje. Así, cuando algo le preocupe o tenga usted que alcanzar una meta, allí tendrá el Poder Total de la Mente a su disposición.

EL PODER TOTAL DE LA MENTE AYUDA A SU MEDICO. Como dijimos anteriormente, el Poder Total de la Mente no pretende suplantar los cuidados médicos. Algunos doctores han sugerido a sus pacientes determinadas técnicas mentales para ayudarles, juntamente con su atención facultativa, a calmar el dolor y, en general, a disminuir los efectos de la enfermedad a tratar. El Poder Total de la Mente procura al doctor más técnicas prácticas y precisas que ofrecer a sus pacientes.

EL PODER TOTAL DE LA MENTE NO EXIGE ENTRENAMIENTO. Usted no tiene necesidad de asistir a sesiones o acudir a lecturas para aprender a utilizar el Poder Total de la Mente. Usted será su propio maestro. Para ello será suficiente la lectura de este libro y la puesta en práctica de las técnicas mencionadas en él. Esta obra le mostrará cómo entrar en contacto con el 90 por 100 de su mente y cómo utilizar sus recursos para superar una situación concreta o alcanzar la meta perseguida. El Poder Total de la Mente incorpora técnicas sencillas y directas. No precisa de la obtención de grados académicos, ni de asistencia a clases, ni de ayuda externa. Necesita únicamente de *usted.*

SI SE DESEA, EL PODER TOTAL DE LA MENTE PUEDE DARSE EN GRUPOS. Aunque el Poder Total de la Mente se aplica sobre una base individual, sus técnicas pueden ser aplicadas también por grupos con idénticos problemas: desear dejar de fumar o perder peso, por ejemplo. Los individuos en grupos formados para tales objetivos reciben todos los beneficios del Poder Total de la Mente y obtienen además el beneficio complementario que supone la socialización y la amistad. Importa recordar que el Poder Total de la Mente funciona tanto a nivel individual como colectivo.

EL PODER TOTAL DE LA MENTE ES COMPATIBLE CON CUAL-QUIER FE, CREENCIA O TERAPIA. A diferencia de otras técnicas que requieren que usted sea «seguidor» de una secta determinada, que observe sus ritos, que entone sus cantos o dé culto a sus fundadores o líderes, el Poder Total de la Mente no tiene orientación religiosa ni se halla asociado con una creencia o fe. Por el contrario, es compatible con cualquier fe que usted pueda profesar. Efectivamente, todo lo que le exige es que tenga fe en su propia mente y en la capacidad de ésta para servirle de ayuda.

OTRAS ALTERNATIVAS AL PODER TOTAL DE LA MENTE PUE-DEN RESULTAR ENGORROSAS Y COSTOSAS. Algunas requieren meditación constante; otras exigen realizar determinados ritos en momentos concretos del día y durante períodos prolongados. Con el Poder Total de la Mente, una vez haya aprendido las técnicas sencillas, verá que es posible utilizarlas cuando se presente la oportunidad y no en momentos previamente determinados. Las necesidades impondrán el ritmo de utilización. Jamás dejará olvidado el Poder Total de la Mente, porque estará siempre con usted, a mano, libre y dispuesto para ser utilizado en la solución de sus problemas.

LAS TECNICAS DEL PODER TOTAL DE LA MENTE NO SON ALGO QUE SE HAGA A CONTRAPELO, SINO DE USO AGRADABLE. Es posible emplear las técnicas del Poder Total de la Mente en cualquier lugar, siempre que las circunstancias lo exijan. El entorno puede ser un rincón tranquilo de su hogar, un campo verde, el asiento del metropolitano, su oficina o el sillón del dentista. Son sencillas y fáciles de aplicar, y podrá comprobar cómo sus problemas se disipan.

EL PODER TOTAL DE LA MENTE ES AUTODIRIGIDO. No existen figuras o personalidades externas. Usted emplea un don natural, su mente, para hallar alivio en una situación difícil y mejorar su bienestar físico y emocional. Hay que señalar que en el Poder Total de la Mente usted conserva siempre el control completo de su aplicación, de su contenido y direcciones. *No existen influencias externas,* y las técnicas son seguras y no producen efectos secundarios nocivos.

EL PODER TOTAL DE LA MENTE LE ACOMPAÑARA DURANTE TODA SU VIDA. Este libro ha sido escrito no sólo para poner en sus manos una ayuda que le permita superar las causas inmediatas de sus problemas, sino que se ha pretendido, además, equiparle a usted con un procedimiento para mantenerlas alejadas durante toda su vida. Por consiguiente, el Poder Total de la Mente está siempre con usted, de manera que puede ser utilizado en todo momento para hacer frente a cualquier situación. Será su compañero durante toda su existencia y le ayudará a hacer la vida más prometedora y gratificante.

La respuesta no se encuentra en la persecución de la última moda de algún hallazgo momentáneo. El Poder Total de la Mente es tan pesado como usted. Los resultados de su uso le convencerán de su valor para toda la vida. Estoy convencido de que le conducirá a una vida más plena y más rica.

3
COMO DESCUBRI EL PODER TOTAL DE LA MENTE

Cuando estudiaba medicina en la universidad de Tennessee, y después como médico residente en la universidad de California, Los Angeles, oí decir, al igual que otros muchos colegas míos, que utilizamos sólo el 10 por 100 de nuestra mente. Ello hizo que me sintiera cada vez más fascinado por el otro 90 por 100. ¿Por qué habríamos de tenerlo olvidado? Después de todo, si haciendo uso únicamente del 10 por 100 de nuestra inteligencia alcanzamos resultados tan elevados, ¿qué sería nuestra vida si utilizásemos el otro 90 por 100?

Los estudios de medicina son penosos y yo deseaba conocer más sobre cómo utilizar la totalidad de mi mente. De poder emplear el 90 por 100 que permanece «muerto», tendría mayores posibilidades de obtener mejores resultados en mis estudios. Yo ardía en deseos de descubrir esa reserva interior mental para incrementar mi energía, mejorar mi memoria y, al mismo tiempo, relajarme.

La lectura de numerosos volúmenes de temas referidos a esta

materia en la biblioteca médica me llevó a la investigación de Edmund Jacobson, que describió en 1930 los beneficios mentales de las técnicas de relajación.

Había allí una serie de obras de otros notables doctores, pero estaban confinadas a las bibliotecas médicas y a los laboratorios de instituciones tan eminentes como Standford, a las universida- del M.I.T., y Harvard. En los estudios que realicé sobre el tema descubrí los campos importantes en que puede influir la mente: ayudar a mantener una buena salud, hacer que desaparezca la enfermedad y, en general, conferir buena estabilidad física y mental.

Una vez dispuse de todo este material, me decidí a someter toda esta información a un *test* personal. Deseaba utilizar mi mente en mayor proporción para avanzar en los estudios de medi- cina con mayor rapidez y provecho.

Mis experiencias me llevaron a relajarme mejor y mejoré en mis rendimientos académicos. Incrementé mi memoria, compren- día mejor los temas y me concentraba con mucha más facilidad; leía con mayor rapidez. Tenía necesidad de cuanta ayuda pudiera obtener en mis estudios, y lo logré mediante el uso cada vez más completo de mi mente.

Pero mis investigaciones sobre el empleo de la mente no se detuvieron cuando conseguí graduarme en la facultad de medi- cina, sino que continuaron a través de mis años de práctica como médico. Seguí sometiendo a prueba lo que decían las revistas médicas y científicas sobre temas relacionados con la mente.

En mi praxis profesional observé que muchos de mis pacientes mejoraban cuando desarrollaban una actitud mental más coope- radora. Al mismo tiempo, existían muchas personas que busca- ban ayuda pero no sabían a quién dirigirse. Había también algu- nos que no utilizaban su mente para influir en sus problemas; sin embargo, aquellos que la empleaban se encontraban en mejores condiciones para hacer frente a los problemas de la vida con garantías de éxito.

Pero había una cosa que me preocupaba enormemente: tal ayuda hallábase al alcance de cualquiera: del sano que deseaba incrementar su salud, del enfermo que ansiaba más ayuda para superar sus achaques. Pero no existía una guía práctica que pudiera servir a los pacientes.

Muchas personas, lo dije anteriormente, buscan la solución a sus problemas recurriendo a los amigos, a cultos y creencias diversos; llegan a gastar verdaderas fortunas con los agoreros. Mis amigos me hicieron observar en repetidas ocasiones que las personas que utilizan mejor su mente tienen más éxito en la solución de sus problemas, mientras que los que dependían de otras eran recompensados en menor medida. Y siempre se cumplía este paradigma por más esfuerzo que realizaran o por más dinero que gastaran los que buscaban ayuda en algo «externo» a ellos mismos.

Tal vez la parte más fascinante de mi investigación consistió en entrevistar a miles de pacientes y amigos para saber cuáles eran sus problemas y cómo se enfrentaban a ellos. En la mayoría de los casos llegué a comprobar que disponían de muy pocos sitios a los que acudir. Incluso aquellos que podrían ofrecer una posibilidad de ayuda —médicos, psicólogos y consejeros religiosos— estaban en condiciones de dar, a lo sumo, respuestas parciales.

El abanico de problemas era inmenso: desde conseguir finalizar la carrera hasta disfrutar de mejor salud física o emocional. Los que lograban el éxito estaban utilizando algunas de las técnicas del Poder Total de la Mente..., aunque no fueran conscientes de ello.

Partiendo de todas las observaciones e investigaciones iniciadas durante mis estudios de medicina, y prolongadas en la práctica privada de la profesión, desarrollé los conceptos y técnicas del

Poder Total de la Mente tal como se encuentran expuestos en este libro.

Otros médicos han estudiado mis técnicas y las han enseñado a sus pacientes para que éstos las pongan en práctica. Este libro está dedicado a todos aquellos que quieren aprender acerca de las técnicas del Poder Total de la mente: para los que ejercen la medicina, para los que no necesitan cuidados médicos pero desean perfeccionarse como personas. Las técnicas del Poder Total de la Mente están a disposición de toda persona que desee utilizar su mente para su propio beneficio.

Desde un punto de vista médico y científico, he descubierto que existen determinadas maneras de utilizar la mente que ocasionan resultados beneficiosos. Este libro es una guía concisa que le enseñará estas maneras de utilizar la mente.

El Poder Total de la Mente puede aplicarse a miríadas de problemas y situaciones. Su utilización es tan limitada como el usuario quiere que sea. Su empleo servirá de ayuda en muchas de las situaciones de la vida. Su mente es de usted. Utilice todas sus capacidades y se sentirá más feliz, una persona más satisfecha, con un sentimiento total de bienestar.

4

SI USTED ANDA CONSTANTEMENTE BUSCANDO SOLUCIONES Y NO ES CAPAZ DE ENCONTRAR RESPUESTAS, NO ESTA UTILIZANDO EL OTRO 90 POR 100 DE SU MENTE

¡QUE MARAVILLOSA ES LA MENTE, PERO QUE POCO USO HACEMOS DE ELLA! En esta era de imágenes electrónicas y de la tecnología de los ordenadores, parece que hemos pasado por alto una de las propiedades más preciosas. En cierto modo, parece como si estuviéramos dando de lado a nuestra mente y permitiendo que las máquinas ocupen su puesto. Pero si reflexionamos unos momentos, probablemente caeremos en la cuenta de que toda esta tecnología es producto de nuestra mente, y no al revés.

ALGUNOS HECHOS SENCILLOS ACERCA DE LA MENTE. Se calcula que el mayor ordenador construido hasta el presente tiene más de 100 millones de conexiones en su complicado sistema de memoria electrónica. Cada conexión trata de reproducir electrónicamente la acción de una célula del cerebro humano: la neurona. Por otra parte, cada cerebro humano tiene por encima de los 10 ó 15 miles de millones de conexiones y neuronas. En consecuencia, serían necesarios literalmente mil o más de estos ordenadores

34

gigantes fabricados por el hombre para llegar a igualar la capacidad del cerebro humano. Además de los mil millones de neuronas, el cerebro humano tiene un sistema sustentador de 20 a 80 miles de millones de células, llamadas células neuroglia, que sostiene las neuronas.

ES IMPOSIBLE REPRODUCIR LA CAPACIDAD Y DESTREZA DEL CEREBRO. Si fuéramos a construir un ordenador que tuviera igual capacidad que el cerebro humano, el ordenador necesario para alcanzar tales resultados cubriría un área mayor que la de uno de los más grandes estados de U.S.A. y exigiría una cantidad tal de energía para funcionar que se generaría un calor suficiente para templar los océanos hasta tal grado que perturbaría el equilibrio térmico del mundo.

10 POR 100 FRENTE A 90 POR 100. Hasta ahora, usted sabe que utilizamos sólo el 10 por 100 de nuestras mentes, pero tal vez no esté seguro de lo que esto significa. Bien, lo mismo puede decirse de nuestros cuerpos. Utilizamos sólo una pequeña parte de la capacidad física de que disponemos. Sabemos que nuestros cuerpos tienen ahora básicamente el mismo diseño que hace algunos millones de años, pero sus usos han sido modificados por la evolución. Ese diseño que permitió caminar largas distancias, tal vez saltar de un árbol a otro para ponerse a salvo de los depredadores, para cazar y otras actividades fatigosas, ha dejado de ser necesario en la actualidad. Permanecemos más tiempo sentados, utilizamos nuestras piernas menos, y a pesar de que usted es un atleta que trata de mantener constantemente el cuerpo en forma, utiliza la potencia de su cuerpo físico por debajo de sus posibilidades.

Al igual que el cuerpo, el cerebro ha estado sometido a cambios de evolución. Las neuronas de que hablamos anteriormente están unidas entre sí por filamentos, puentes conexos que forman una red compleja. Los científicos han estimado que sólo utilizamos el 10 por 100 de las conexiones de neuronas disponibles. Implicaríamos más y más neuronas en este gran sistema haciendo uso del otro 90 por 100 de nuestra mente. De esta manera utilizaríamos las capacidades de nuestro cerebro en una extensión mucho mayor.

EL CEREBRO ACTUA DE DOS MANERAS. Mediante la investigación científica, sabemos que el cerebro opera básicamente sobre dos niveles primarios de funcionamiento: funcionamiento consciente de la mente, o nivel del 10 por 100; y una concentración de conciencia funcionando al nivel del 90 por 100. Cada día caemos más en la cuenta de que el nivel del 90 por 100 es un modo de funcionamiento mental tan importante como el nivel consciente. Y los científicos están cada día más convencidos de que ambos niveles requieren el uso de procedimientos y técnicas de aprendizaje si, en la cultura avanzada en que vivimos, pretendemos usarlos en todas sus posibilidades.

PRODUCE PESAR VER QUE TANTAS PERSONAS SUFREN INNECESARIAMENTE. Con los recursos naturales de que disponemos —nuestras mentes—, me produce desasosiego ver que las personas no se aprovechan de su mente para solucionar sus problemas y conseguir una mejor salud física y mental. Nuestro cerebro nos acompaña en todo momento y podemos ponerlo en funcionamiento siempre que nuestras necesidades lo requieran. Lo único que tenemos que hacer es aprender a activarlo y a centrarlo sobre un problema de manera que éste pueda ser resuelto.

SI ESTA CONSTANTEMENTE BUSCANDO SOLUCIONES Y NO HA ENCONTRADO AUN LAS RESPUESTAS, NO ESTA UTILIZANDO EL OTRO 90 POR 100 DE SU MENTE. La mente es un recurso amplio. Almacena millones de informaciones adquiridas a lo largo de los años, integra este material y luego lo pone a nuestra disposición para que lo utilicemos cuando las situaciones lo exigen. Las respuestas a nuestros problemas se encuentran dentro de nosotros, en nuestras mentes. Nos faltan únicamente las técnicas para utilizar este recurso.

¿COMO PODEMOS LOGRAR QUE ESTA MENTE COMPLEJA TRABAJE PARA NOSOTROS? Aunque la mente es una herramienta maravillosa, no tenemos que preocuparnos acerca de cómo trabaja e impresionarnos con el hecho de que realiza ese trabajo para nosotros. Lo único que tenemos que aprender es a cultivar el 90 por 100 que puede ayudarnos a resolver nuestros problemas. Esta es la finalidad que pretende este libro.

5

EL PODER TOTAL DE LA MENTE
ES UN NUEVO CAMINO PARA
APROVECHAR LOS RECURSOS DE
ENERGIA TANTO FISICA
COMO MENTAL

EL PODER TOTAL DE LA MENTE ES UN NUEVO CAMINO PARA APROVECHAR ENERGIAS MENTALES OCULTAS. Aunque describo como nuevo el Poder Total de la Mente, ha estado con nosotros desde que el hombre descubrió la primera herramienta. Los hombres y mujeres que han destacado a lo largo de la historia lograron sus hazañas porque utilizaron las ilimitadas dimensiones de su mente —en un proceso en el que la prueba y el error tuvieron mucho que ver—. Recurriendo a tales potencialidades llegaron a obtener brillantes resultados en todas las áreas, incluyendo la historia, la ciencia, las matemáticas, la medicina y la filosofía. Lo verdaderamente nuevo es la destilación de este conocimiento.

Se ha investigado ampliamente sobre la aplicación del 90 por 100 de la mente, pero los conocimientos obtenidos de esas investigaciones han quedado olvidados en las estanterías de las bibliotecas y en las revistas médicas y científicas.

Tenemos un ejemplo de tal investigación y de su significación en un artículo escrito por la doctora Barbara B. Brown, jefa de fisiología experimental en el Veterans Administration Hospital, Sepúlveda (California), catedrática en el Centro Médico UCLA y autora de *New Mind, New Body.*

La mencionada doctora escribe: «Se ha probado que los procesos subconscientes —expresión con la que nos referimos a todas las actividades de la mente reconocidas en el conocimiento consciente— poseen extraordinaria complejidad, profundidad de recursos de información..., mecanismos de evaluación y juicio de los datos integrados y una notable capacidad para dirigir con eficacia las acciones.»

El uso del Poder Total de la Mente y sus técnicas se basan en las conclusiones obtenidas por científicos, investigadores y eruditos tan eminentes como la doctora Brown. El Poder Total de la Mente le dirige a usted para que utilice esta poderosa, pero subconsciente, reserva y alcance los resultados que desea.

¿POR QUE NO HEMOS HECHO USO HASTA AHORA DEL PODER TOTAL DE LA MENTE? Nuestra cultura ha estado orientada por la socieconomía en lugar de caminar en busca del desarrollo de la persona. Como nuestra sociedad se desarrolla más y más en la senda de lo tecnológico, hacia estados industrializados en los que predomina la ciencia, nuestras escuelas y colegios nos entrenan en las líneas que servirán mejor a nuestros imperios industriales, basados en la economía. Se nos prepara para un puesto de trabajo, no para ser nosotros mismos. Se nos educa de manera que podamos sobrevivir en el entorno auténticamente económico que creó las escuelas en primer término. Esto nos estimuló a utilizar únicamente el estrecho raciocinio lineal.

Nuestra sociedad se las ha arreglado para destrozar nuestra imaginación. La intensa curiosidad de los niños, sus viajes a la fantasía en tierras de duendes y espíritus, sus visiones de grandeza, han quedado reducidas a la imaginería que nos ofrece el retrato de la vida vista en la pantalla de la televisión. Esto hace que los niños sean presa de un pensamiento menos imaginativo, más computerizado, a medida que se hacen mayores.

LA FALTA DE CONOCIMIENTO DE COMO TRABAJA LA MENTE NOS MANTUVO ALEJADOS DE SU USO. Hemos necesitado siglos para aprender algo acerca de lo intrincado de la mente, de sus capacidades, de su potencial. Y aún estamos explorando lo que puede hacer por nosotros. Por tanto, no es de extrañar que no hayamos explorado aún sino la superficie y aprendido a utilizar únicamente la punta del iceberg. Pero en los últimos años nos hemos adentrado considerablemente en los sofisticados conocimientos acerca de las maneras de la mente; hemos tomado mayor conciencia de su gran potencial, no utilizado por nosotros hasta el presente. Este libro enseña cómo utilizar este gran potencial por nosotros mismos, para nosotros mismos.

LA DECADA DEL «STRESS» NOS HA LLEVADO A LAS PASTILLAS Y A LOS MEDICAMENTOS. A medida que nuestra sociedad avanzaba rápidamente a grandes pasos, en las décadas de los años 60 y 70 (descubrimiento de la energía atómica y alunizaje), y avanzábamos hacia áreas situadas más allá de la comprensión de la mayoría de las personas, el *stress* hacía estragos. En vez de volvernos hacia nosotros para tratar de hacer frente a esta nueva era, nos volvimos hacia los sedantes y las pastillas de todo tipo; nos volvimos hacia una enorme amalgama de cultos y de religiones místicas para escapar de los problemas, no para solucionarlos. La farmacia y sus contenidos fueron nuestro bastón de apoyo. Utilizábamos menos nuestra mente y más la intervención externa.

LA ENTRADA EN LA ERA DE LA CONCIENCIACION. Para algunos, las décadas de los años 60 y 70 se convirtieron en unos tiempos de prueba para la mente, y una revolución cultural estaba en marcha. Esas personas se sentían insatisfechas con las sendas tradicionales del pasado y buscaban nuevos caminos para identificarse a sí mismas, nuevos caminos para entenderse, nuevos métodos para hacer frente a los problemas. La mente era la clave. Debía servir para darnos una mejor comprensión de la vida y para ayudarnos a sobrevivir en los perímetros de esta nueva sociedad tecnológica y a escapar de ella. La gente, de manera especial la juventud, comenzó a someter a prueba los límites establecidos por la sociedad. Pulularon los nuevos gurus, se exploraron filosofías radicales, se absorbieron rituales místicos y formas de pensamiento orientales; la gente, sobre todo los jóvenes, se dedicó a la meditación, al análisis, a la hipnosis y a toda una enorme variedad de técnicas relacionadas con la mente. Para algunos, todo esto representaba una toma de conciencia, pero no una solución. A juicio de muchos, estos procesos ofrecían tan sólo un respiro momentáneo. Pero tal vez el aspecto más beneficioso fue el sondeo profundo en la utilización de la mente para encontrar soluciones.

EL PODER TOTAL DE LA MENTE Y OTRAS TECNICAS. Los cultos religiosos hacen prosélitos, pero no ayudan a las personas a enfrentarse a los problemas de la sociedad; al contrario, generalmente las alejan de ellos. Lo mismo podemos decir de las creencias místicas, especialmente de las que tienen su base en las religiones orientales. Sus principios tal vez pueden ofrecer algún alivio en las regiones en que fueron formuladas, pero no son adecuadas al rol de la persona occidental, en las sociedades industrializadas. La meditación y el canto pueden, tal vez, ofrecer algún respiro momentáneo, pero no nos muestran cómo superar el constante *stress* y las tensiones que dominan nuestra sociedad. El Poder Total de la Mente nos ofrece la capacidad de penetrar en nuestro interior para así ayudarnos y mejorarnos. ¿Por qué habríamos de recurrir a otras fuentes, a otros soportes, cuando la mejor herramienta disponible es una parte de nuestro ser natural? Nuestra mente —que asimila tanto durante toda la vida y traduce miríadas de experiencias de las que podemos echar mano para hacer frente a todos los desafíos— es un recurso fantástico. Podemos desarrollarla y utilizarla al máximo, y esto es lo que pretende el Poder Total de la Mente, enseñándole a usted cómo hacerlo.

LAS TECNICAS DEL PODER TOTAL DE LA MENTE SON UNICAS. Las otras técnicas mencionadas anteriormente no nos llevan demasiado lejos. Son como la capa externa del pastel. Las técnicas del Poder Total de la Mente penetran por debajo de la superficie y nos enseñan cómo tenemos que usar la porción mayor de nuestra mente —el 90 por 100— que tanto puede hacer por nosotros, ya que es, en la práctica, una reserva ilimitada de recursos.

Los pasos del Poder Total de la Mente son sencillos de seguir y se basan en «visualizaciones mentales» verbales que están detalladas para ayudarle a usted en la solución de problemas particulares. En los capítulos siguientes presentaremos esas visualizaciones, también le diremos cómo prepararlas y utilizarlas para hacer frente a las necesidades particulares.

El Poder Total de la Mente es una herramienta válida para toda la vida, porque se basa en algo que está con usted a lo largo de toda su existencia —nos referimos a su mente, cargada de recursos—. Se han escrito incontables libros sobre la mente, pero ninguno de ellos dice qué tenemos que hacer para aprovechar sus maravillas. Considere este libro como un instrumento de trabajo, ya que le lleva, paso a paso, a comprender las técnicas a utilizar para activar la totalidad de los recursos de su mente.

6

NO SE ATORMENTE PENSANDO QUE SE REQUIERE FUERZA DE VOLUNTAD O CONCENTRACION... NO SON NECESARIAS EN EL PODER TOTAL DE LA MENTE

CON EL PODER TOTAL DE LA MENTE SOBRAN LAS TENSIONES, EL «STRESS» O LA FUERZA DE VOLUNTAD. Puesto que el Poder Total de la Mente le estimula a utilizar el instrumento que ya posee —el 90 por 100 de su mente—, no se requiere tensión o concentración alguna, como tampoco fuerza de voluntad. Basta con que usted se relaje y dirija el otro 90 por 100 de su mente a alcanzar las metas... sin esfuerzo alguno.

A DIFERENCIA DE OTRAS TECNICAS, USTED NO TIENE QUE COMPRENDER POR QUE TIENE UN PROBLEMA. Frecuentemente, las consultas psicológicas y otras técnicas de sondeo de la mente exigen que usted comprenda por qué tiene un problema particular. Esa comprensión sería la condición imprescindible para solucionar el problema. El Poder Total de la Mente no plantea tal exigencia. Le pide únicamente que usted desee resolver el problema o quiera cambiar la situación.

PARA HACER USO DEL PODER TOTAL DE LA MENTE CON EFICACIA, DEJE A UN LADO EL TRABAJO DURO Y EL ESFUERZO. Dado que tenemos que tratar con una parte de nuestra mente que no ha sido utilizada hasta el presente, tendrá usted que desprenderse de algo que le ha sido inculcado desde su infancia. En el aprendizaje de las técnicas del Poder Total de la Mente deberá usted dejar de lado algunas concepciones falsas. Desde nuestra más tierna infancia se nos ha repetido constantemente que debemos usar la fuerza de voluntad para alcanzar nuestras metas; que debemos concentrarnos y poner de nuestra parte un duro trabajo y esfuerzo. Sin embargo, el Poder Total de la Mente trabaja mejor cuando no hacemos esfuerzo físico alguno ni nos hallamos en tensión; cuando permitimos que el otro 90 por 100 de la mente realice todo el trabajo.

EL TRABAJO DURO POR SI MISMO NO LE AYUDARA A ALCANZAR SUS METAS. De hecho, a lo sumo estará removiendo una serie de corrientes si no utiliza los poderes creativos del 90 por 100 de su mente, que ha sido la fuerza directriz y eficaz de todos los descubrimientos importantes, de las filosofías y de los logros restantes. El 90 por 100 es la porción intuitiva, imaginativa, creativa, penetrante y más eficaz de la mente. Mediante el Poder Total de la Mente recurrimos a estas reservas y hacemos que entren en acción.

NO SUBESTIME EL PODER TOTAL DE LA MENTE PORQUE ES DE FACIL APLICACION. El que el uso de las técnicas del Poder Total de la Mente sea sencillo, y cualquier persona pueda aprender esas técnicas siguiendo los sencillos pasos descritos, no debe llevar a subestimar lo que se puede lograr. Recuerde lo sencillo que resulta apretar un conmutador de la luz, pero la manera cómo trabaja la electricidad es sólo una teoría no entendida por completo en nuestros días. Algo parecido podríamos decir del Poder Total de la Mente. Las técnicas parecen sencillas, pero ponen en movimiento el Poder Total de la Mente, lo entendamos o no por completo.

LA FUERZA DE VOLUNTAD Y LA CONCENTRACION NO SON LA MEJOR SOLUCION PARA LA MAYORIA DE LAS SITUACIONES. Durante miles de años, las personas han utilizado la fuerza de voluntad, pero los problemas siguen ahí. A lo sumo, la fuerza de voluntad es tan sólo un esfuerzo al 10 por 100. En el Poder Total de la Mente no está implicada la fuerza de voluntad; sí un método de relajación, de no-stress, para poner una amplia porción de la mente a trabajar para usted.

7

COMO DESARROLLAR Y UTILIZAR PARA UNO MISMO LAS PODEROSAS TECNICAS DE PASO-A-PASO Y LOS PROCEDIMIENTOS DEL PODER TOTAL DE LA MENTE

LA TECNICA BASICA DEL PODER TOTAL DE LA MENTE COMPRENDE TRES PASOS SENCILLOS. Las técnicas del Poder Total de la Mente actúan en grado óptimo en un entorno de relajación, sin interferencias o estímulos externos distorsionantes. En este capítulo presentamos los pasos de manera esquemática; en los siguientes los desarrollaremos con todo detalle. En esos capítulos presentaremos también unas transcripciones de visualización mental, a utilizar para resolver problemas específicos. El Paso Uno incorpora técnicas para ahuyentar estímulos externos tales como ruidos, olores, luces deslumbrantes, con el resultado de que la *mente se deja llevar a un estado de conciencia concentrada,* que difiere por completo de la consciencia cotidiana. Este estado de conciencia concentrada en el que usted centra su puntería sobre un conjunto limitado de estímulos y no en las diversas sensaciones visuales, sonidos y sensaciones de la vida diaria es un estado de conciencia diferente.

Después de haber establecido este estado de conciencia concentrada, pase al Paso Dos, que *dirige sus pensamientos* hacia el problema o situación que usted quiere cambiar. Visualice o sienta con la mayor claridad posible, con gran detalle, la solución ideal que usted busca.

El Paso Tres es el *ordenamiento en serie* de sus pensamientos a fin de convertir en realidad los cambios deseados. De acuerdo con la intensidad o agudeza del problema, o de la situación que desea cambiar, proyecte la utilización de las técnicas del Poder Total de la Mente con miras a obtener resultados. Así como un atleta conserva su forma manteniendo sus músculos a tono, de igual manera las técnicas del Poder Total de la Mente trabajan para mantenerle a usted en buen estado. La diferencia estriba únicamente en que, en vez de utilizar ejercicios físicos, se resume a ejercicios mentales. Usted conoce su problema y determina la rapidez con que quiere resolverlo utilizando el Poder Total de la Mente.

El doctor Herbert Benson, de la universidad de Harvard, autor de *The Relaxation Response,* ha demostrado claramente que incluso los procedimientos sencillos de relajación pueden ocasionar cambios profundos en el sistema nervioso autonómico con efectos tales como la reducción de la presión sanguínea alta. En ese libro demuestra cómo un artificio mental —mirar fijamente un objeto, por ejemplo, o una actitud pasiva, la disminución de la tensión muscular y un entorno tranquilo— crea una respuesta corporal similar a la meditación.

Esos artificios mentales señalados son similares a los procedimientos que utilizamos en el Paso Uno, pero no están combinados con las autodirecciones verbales (Poder Total de la Mente, procedimiento Paso Dos) como en las visualizaciones mentales y, por consiguiente, tienen resultados limitados si los comparamos con el Poder Total de la Mente. Deberíamos recordar que la combinación de los Pasos Uno, Dos y Tres del Poder Total de la Mente es de importancia vital y no obtendremos beneficio alguno si dejamos de lado alguno de los tres pasos.

Mi conclusión de que la mente puede ser dirigida específicamente hacia metas concretas se basa en la investigación realizada por el doctor Theodore Barber, director de investigación psicológica en la Fundación Medfield y del Medfield State Hospital (Harding, Mass.), investigador de fama mundial en el campo de la utilización de instrucciones verbales y tareas motivadoras para producir cambios mentales y físicos.

El doctor Barber, que después de su graduación como doctor participó con nosotros en el laboratorio de relaciones sociales de la universidad de Harvard, ha demostrado, en una publicación reciente, las posibilidades de utilizar la mente cuando es dirigida adecuadamente en áreas tales como el control del pánico, sueños, temperatura de la piel, mejorar la visión miope y controlar las alergias.

Los métodos descritos por él son básicamente verbales. Las técnicas del Poder Total de la Mente se basan en directrices verbales autodirigidas. Los Pasos Uno, Dos y Tres le muestran a usted cómo crear esas directrices para sacar el máximo provecho de sus capacidades y posibilidades.

Recuerde el ejemplo de la electricidad mencionado en el capítulo anterior. Cuán fácil es dar la luz y cuán complejos son la acción de la luz y el flujo de la electricidad. Aunque estas técnicas de utilización de la mente parecen simples, y de hecho lo son, resultan sumamente eficaces en cuanto a los resultados. Según las directrices que usted se dé en las visualizaciones mentales, se producen complejos cambios neurofisiológicos en su mente.

UTILIZACION DE LAS VISUALIZACIONES COMO INSTRUMENTOS DEL PODER TOTAL DE LA MENTE. Como indicamos anteriormente, las técnicas del Poder Total de la Mente son libres. Las únicas herramientas que necesitamos son las visualizaciones mentales, senderos que le conducen a usted a un estado de conciencia concentrada (Paso Uno) y dirigen sus pensamientos hacia la solución ideal del problema o situación que se desea cambiar (Paso Dos). Las visualizaciones mentales pueden ser hojas copiadas a mano o a máquina que usted lee para sí, que aprende de memoria, o hace que le sean leídas por un amigo. Pueden ser grabadas en una cinta de *casette* y reproducidas a voluntad.

LA ESPECIFICIDAD ES LA CLAVE PARA EL EXITO DEL PODER TOTAL DE LA MENTE. Puesto que usted conoce su situación a la perfección, las visualizaciones de su propia autodirección le ayudarán a resolver esta situación de la mejor manera posible. Usted y su mente son los factores vitales para superar un problema particular y determinar la manera específica de resolverlo. Usted no está atado por consultas o interferencias externas que únicamente pueden ofrecer soluciones y respuestas parciales a sus necesidades.

LOS TRES PASOS

En las páginas siguientes expondremos detalladamente cada uno de estos pasos, sencillísimos pero eficacísimos, del Poder Total de la Mente.

PASO UNO: CONCENTRACION DE LA CONCIENCIA. Diariamente estamos sometidos a estímulos numerosos y variados, a nuestros sentidos del gusto, tacto, vista, oído, olfato. Todo lo que nos rodea provoca nuestros sentidos —los alimentos, la temperatura, el vestido, las personas, las luces, las señales, los ruidos, la comida—. Muchos de estos estímulos resultan irritantes y son seleccionados inconscientemente. De lo contrario, nuestra vida sería un caos.

Nuestra capacidad para desembarazarnos de los estímulos irritantes hace nuestra vida soportable.

Sin embargo, muchas personas tienen que hacer frente a un número de sensaciones superior a sus capacidades y no son capaces de superarlas. Cuando usted utiliza las técnicas del Poder Total de la Mente, elimina la mayor parte de las sensaciones que le bombardean y luchan por la conquista de su atención. Dado que muchas de estas sensaciones no son esenciales, su mente puede concentrar su conciencia en el área a la que usted está dirigiéndola. Descargada ya de estímulos innecesarios, su mente es capaz de concentrar todo su poder en la consecución de las metas propuestas.

El Paso Dos del Poder Total de la Mente ayuda, con sus técnicas, a eliminar la mayoría de las sensaciones no esenciales. Para favorecer la consecución del nivel de conciencia concentrada, el entorno debería estar dominado por el confort y libre de distracciones externas. Elija un lugar que no sea ni demasiado caliente ni demasiado frío, cierre los ojos, elimine las sensaciones visuales así como las restantes —aromas, ruidos— que puedan impedir su concentración en el sujeto deseado.

Elija el momento del día que le parezca más adecuado para el Paso Uno de concentrar la conciencia. Por la noche, antes de acostarse, o inmediatamente después de despertar, son los momentos más aconsejables. Pero lo verdaderamente importante es que usted mismo determine cuál es el momento más apropiado.

Para desensitivizarse, pueden serle útiles algunas sugerencias. Quizá sea provechoso encender la televisión, sintonizar un canal en el que no aparezca imagen y subir el volumen. Los sonidos resultantes probablemente sean una pantalla altamente eficaz contra los ruidos externos. Otras barreras para los ruidos molestos pueden ser la música melódica e incluso la rítmica. Es posible bloquear las interferencias visuales partiendo por la mitad una pelota de pin-pong y colocando cada una de sus dos mitades sobre los ojos. También luces débiles de estrobotrón, que ofrecen un ritmo de 12 destellos por segundo, coincidiendo aproximadamente con el ritmo de las ondas cerebrales alfa, ayudarán a mantener alejadas las sensaciones visuales. Quienes padezcan epilepsia o no sean capaces de resistir las luces destellantes, evitarán utilizar el procedimiento anterior.

Con todo, ninguna de estas técnicas mecánicas es realmente necesaria, ya que la simple relajación y cerrar los ojos en una habitación tranquila resulta muy eficaz. Y cuando haya adquirido alguna experiencia, será usted capaz de alcanzar una concentración de conciencia incluso en situaciones sumamente turbulentas.

Es verdaderamente importante lograr un estado de relajación de la mente y del cuerpo. Es posible utilizar las técnicas del Poder Total de la Mente sentado cómodamente o tendido. El objetivo es siempre lograr una situación ideal en la que la mente pueda andar a su aire, sin esfuerzo, concentración o fatiga, en una conciencia concentrada en la dirección señalada por usted.

PASO DOS: DIRIGIENDO SU MENTE. Una vez recorrido el Paso Uno, cuando su mente haya alcanzado una concentración de conciencia, se encuentra ya en condiciones de enfrentarse a situaciones o problemas específicos. Puede dirigir sus pensamientos a corregir áreas de su vida que no funcionan como usted quisiera, o avanzar hacia la meta que se ha señalado.

En el Paso Dos, usted aplica técnicas para bucear en sus reservas de experiencia e información con el fin de encontrar una solución a su situación o problema específicos, y mejorar así la totalidad de su vida. Su mente trabajará eficazmente para usted sólo cuando esté *autodirigida* en una manera que es adecuada sólo para usted. La meditación sola, por ejemplo, muchas veces resulta ineficaz porque no dirige la mente a un área específica, especialmente cuando nos ocupa un problema de salud. En el Paso Dos, usted se centra en su área específica de preocupación, y se le presentará la mejor solución que está incorporada en su visualización del Paso Dos. Durante este paso, debe aprovecharse toda sensación o emoción apropiada para realizar la tarea. Cuanto más imaginativo sea en la preparación de su visualización, mayor éxito tendrá. El muestreo de visualizaciones de Paso Dos que presentamos en el Cap. 9 ofrece algunos ejemplos de direcciones vívidas que puede utilizar para muchos problemas y situaciones típicas. Le sugiero que lea todas las visualizaciones completamente, aunque ninguna de ellas se adapte a su problema particular. Al leerlas, adquirirá una idea mucho más clara de cómo están estructuradas. Vaya a través de ellas y haga una lista de las sensaciones y emociones que han suscitado, y tomando nota de las pautas similares en su construcción.

PASO TRES: ORDENAMIENTO EN SERIE DE LAS DIRECCIONES DE SU MENTE. La esencia de este paso reside en la repetición adecuada de los dos primeros. La frecuencia estará determinada por los resultados que obtenga. No existen estudios controlados ni investigaciones estadísticas que demuestren qué frecuencia produce los resultados más satisfactorios. Por consiguiente, el problema a resolver está relacionado con la frecuencia con que utilice las técnicas.

Por ejemplo, si usted aplica el Poder Total de la Mente para aliviar la tensión, tal vez desee utilizar las técnicas únicamente cuando tenga que enfrentarse a situaciones cargadas de *stress* y tensión. Pero si padece de ansiedad desde hace largo tiempo, tendrá necesidad de aplicar las técnicas diariamente hasta que el *stress* esté bajo control.

Si la meta es controlar el peso y ha logrado ya algunos resultados mediante la utilización de las técnicas del Poder Total de la Mente, tal vez sea suficiente aplicarlas una vez por semana o mes. En determinadas situaciones, una vez que el problema ha sido controlado no es preciso volver a utilizar más las técnicas para ese problema ya superado. La norma debería ser aplicar las técnicas del Poder Total de la Mente hasta que se hayan obtenido los resultados apetecidos. A partir de ese momento, bastará con usarlas sólo en la medida necesaria para mantener los resultados.

Mi experiencia personal con las técnicas del Poder Total de la Mente y el análisis de la bibliografía médica sugiere que, en la mayoría de las situaciones, las visualizaciones deben ejercitarse durante una semana al comienzo, cada dos días durante la segunda semana, una sola vez durante la tercera semana, y después cuando sea necesario para mantener los resultados.

EL PODER TOTAL DE LA MENTE PUEDE APLICARSE A TODOS LOS PROBLEMAS QUE USTED TENGA, Y QUIZA RESULTE EFICAZ PARA MAS DE UN PROBLEMA AL MISMO TIEMPO. Por ejemplo, relajar la mente y el cuerpo, puede reducir los síntomas de un dolor de cabeza crónico, aunque no se haya preparado una visualización específica para mitigar el dolor de cabeza; o también preparar una visualización mental para ponerla a trabajar sobre todos los problemas que usted quiera al mismo tiempo.

PREPARACION DE LAS VISUALIZACIONES MENTALES

La visualización mental es lo esencial en la utilización del Poder Total de la Mente. Es la prescripción escrita para una salud mejor, para una mejor actitud mental y para una vida más satisfactoria. No es preciso que un médico lo prescriba; no hay que tomar pastillas o medicinas. La sola utilización de su mente y su aplicación al problema que usted tiene o a la situación que desea cambiar será suficiente.

¿QUE ES UNA VISUALIZACION MENTAL? Es el papel de entrenamiento, directrices sencillas que le ayuden a centrar su mente en el

53

problema y su solución. Las visualizaciones contenidas en este libro —cubren la mayor parte de la obra— han sido preparadas para ayudarle en la solución de numerosos problemas que he visto ocasionaban preocupación a mis pacientes. Pueden utilizarse tal como están, adaptándolas a su necesidad particular, servir de ejemplo o modelos a partir de los cuales preparar su propia visualización. La importancia de las técnicas del Poder Total de la Mente reside en que es usted quien escoge la visualización que ofrece, a su juicio, la mejor solución a la situación en que se encuentra y quiere corregir.

LAS VISUALIZACIONES MENTALES PUEDEN SER PAGINAS ESCRITAS A MANO O A MAQUINA, QUE LEE PARA USTED MISMO, MEMORIZA, HACE QUE ALGUIEN SE LAS LEA, O LAS GRABA EN UN MAGNETOFONO. UTILICE LA MANERA QUE LE PAREZCA MAS ADECUADA. La reproducción de una cinta grabada por usted le ofrece sus directrices personales con su voz personal. Puede llevarla consigo y así utilizar el Poder Total de la Mente siempre que surja la necesidad.

Por consiguiente, con su *casette,* puede usted relajarse, cerrar los ojos y eliminar distracciones. Y la efectividad se incrementará porque ninguna otra persona se encuentra en ese entorno relajado, mientras que si otra persona le lee la visualización, quizá exista la sensación de autoconsciencia y carencia de intimidad. Incluso cuando hay otras personas alrededor, la utilización de audífonos o auriculares le ofrece la posibilidad de que la reproducción de la visualización sea totalmente privada.

DIMENSIONES DE LA VISUALIZACION. Para el Paso Uno, concentrar su consciencia, la visualización debería tener una duración aproximada de 10 minutos; mientras que para el Paso Dos, donde usted se señala las directrices sobre su problema o situación, la duración debería ser de unos 20 minutos. Cuando prepare su visualización, comprobará tal vez que puede acortarla hasta darle una duración de unos 15 minutos, pero no es necesario que exceda los 45 minutos.

Durante la reproducción de la visualización hará pausas, de manera que, al escuchar, tenga tiempo suficiente para seguir las instrucciones o directrices. Cuando grabe su visualización, adopte un aire relajado. Esto se reflejará en su voz y le producirá agrado al escuchar la grabación.

UNA CLAVE PARA EL EXITO EN EL PODER TOTAL DE LA MENTE ES EVITAR LA CONCENTRACION O LA FUERZA DE VOLUNTAD FORZADA. Por el contrario, un flotar agradable hacia la consciencia concentrada es la base para que sus autodirecciones sean eficaces. Sin concentrar su consciencia, usted sería dirigido únicamente por, aproximadamente, un 10 por 100 de su mente. Cuando su consciencia está concentrada, sus directrices han alcanzado el otro 90 por 100 de su mente, y *usted estará utilizando el otro 90 por 100.*

VISUALIZACION PASO UNO: EJEMPLO N.º 1. La visualización que leerá a continuación, y todas las restantes que encuentre en este libro, han sido preparadas cuidadosamente para que cumplan todos los requisitos especificados en este capítulo. Han sido analizadas de forma que cubran todos los puntos de la dirección de su mente, teniendo en cuenta el orden adecuado y las secuencias de tiempo de las directrices.

Tal vez desee alterar las visualizaciones que se encuentran en este libro, en concreto la que aparece a continuación, y acomodarla a sus necesidades individuales, o preparar otra de su propia cosecha. Estas visualizaciones ofrecen unas pautas prácticas cuidadosas que quizá le sirvan de modelo para desarrollar su propia visualización. Con todo, pueden ser grabadas o copiadas directamente del libro para su utilización personal, de manera que le sea posible comenzar inmediatamente a mejorar y cambiar su vida.

A continuación, le ofrecemos un ejemplo de visualización que puede emplear para el Paso Uno del Poder Total de la Mente. Le conducirá a la concentración de su consciencia.

Póngase lo más cómodo posible y relájese.

Cierre los ojos e imagine, con el ojo de su mente, un bello globo lleno de helio.

Se ve muy cómodo en la barquilla del globo cuando está a punto de ser lanzado desde un campo grande y abierto.

Se siente muy a gusto y confiado respecto del periplo que está a punto de emprender; tiene enormes ansias de felicidad cuando el globo comienza a despegar mansamente del suelo.

Usted contempla cómo se eleva el globo en el aire.

Es una tarde veraniega y caliente, radiante de sol.

El globo resplandece a la luz del sol con un color azul-verde profundo.

A medida que el globo se eleva más y más, usted se siente más relajado y su mente revienta en un explosivo sentimiento de gozo y regocijo. Se muestra sumamente interesado en todo lo que ve en torno suyo, y puede percibir el manso flotar del globo a través del aire. No está familiarizado con el paisaje; pero se muestra sumamente interesado en él a causa de su belleza.

No hay una nube en el firmamento.

Puede ver la luna llena que despunta en el horizonte, a pesar de que es aún media tarde.

El globo se eleva con lentitud, muy confortablemente, a través de las praderas y los campos, pasando sobre ríos y corrientes, y usted puede respirar la frescura del aire que le rodea.

Cada vez que respira se siente más y más gozoso.

En este momento pasa usted por encima de un campo de trigo recién segado, y el olor del cereal recién cortado llena sus vías respiratorias y le hace revivir recuerdos agradables de su infancia, cuando caminaba usted a través de campos de trigo recién recolectados o de hierba segada pocas horas antes.

Todos los colores del campo de trigo juegan sobre su mente, cómo el sol hace destellar los tallos y espigas radiantes del trigo aún por segar.

Usted puede escuchar el sonido de una máquina cosechadora cuando ésta va abriendo una senda en el campo.

El globo continúa flotando y atraviesa esos campos; comienza a navegar sobre un bello lago, profundamente azul.

Una sensación fría recorre su espina dorsal cuando el globo se adentra más y más sobre el lago. La panorámica que se divisa es sumamente sugestiva.

Puede verse también el rielar de la luna a medida que se eleva en el firmamento del atardecer; sus reflejos se producen al lado de los del globo que flota.

Es una de las más bellas imágenes que usted recuerda haber visto en su vida.

Cuando comienza a declinar la tarde, su globo continúa su flotar. Pueden verse algunas estrellas en el firmamento azul a medida que la oscuridad se acentúa.

El firmamento está lleno de la bella luz de la luna llena, y otras estrellas comienzan a hacer su aparición a medida que el sol cae más en el horizonte y toma la imagen de un disco dorado perfecto.

Cuando el sol se aproxima al horizonte, parece incrementarse la velocidad de su alejamiento..., hasta que es engullido por el horizonte.

Es el ocaso. En este momento podemos contemplar los colores e imágenes más bellos que hemos visto en la vida.

El ocaso aparece como un bello *collage* de figuras y colores que le inundan a usted de admiración al universo.

Todas sus ansiedades y tensiones parecen haber desaparecido del horizonte cuando contempla extasiado el ocaso. Se desvanece lentamente.

La luna gana altura en el firmamento cuando usted continúa flotando en su maravilloso y bello globo.

Las estrellas aparecen ahora con mayor claridad, y parecen estar dotadas de un brillo deslumbrador que le intriga.

Diversas estrellas tienen diversos colores cuando titilan con un ritmo que da movimiento universal a todo el firmamento de la noche.

Usted se siente plenamente identificado con el universo a medida que su globo continúa flotando, percatándose de todos los colores y ritmos.

Se siente en armonía con toda la creación, y es como si su vida entera estuviera centrada alrededor de este instante.

Una placentera sensación de plenitud invade todo su cuerpo y se siente en posesión de una paz indescriptible.

En este momento comienza a decrecer la oscuridad del firmamento nocturno; bellos rayos de luz se elevan desde el horizonte; el sol está a punto de despuntar.

Su globo flota en este momento pasando por encima de una verde y hermosa floresta cuando el sol comienza a elevarse en el firmamento.

Usted puede ver pájaros de colores abigarrados sobre las ramas de los árboles, y escucha claramente sus sonidos.

Un nuevo día está comenzando para usted, y su globo em-

pieza a descender sobre el mismo campo del que había
despegado.

Su mente revive todos los bellos momentos del recorrido
cuando su globo aterriza sobre el blanco campo.

Sale de la barquilla del globo y se tumba sobre la blanda
hierba.

Se siente profundamente hechizado por las maravillas del
mundo.

A cada respiración, se siente más y más relajado y permanece inundado de paz y contento.

Una visualización mental alternativa para el Paso Uno es una
técnica que implica el color.

Cierre los ojos y levante su mirada hacia su frente. Puntos
precisos de color se superimponen a la oscuridad.

Al hacer esto, debería usted estar lo más cómodo posible,
como en los restantes métodos del Paso Uno. Esta técnica es
sumamente útil para los momentos que preceden a su sueño.
Cuando haya completado la sesión, puede entregarse a un profundo y pacífico sueño. Su mente trabajará por usted poderosa-
mente durante la noche.

Un capítulo posterior, titulado «Incremente los beneficios del
Poder Total de la Mente mientras duerme o sueña», explora más
profundamente este fenómeno.

Aquí, la visualización «color» incluye también una transición al
Paso Dos del Poder Total de la Mente.

Cierre los ojos y mire a la parte interior de su mente, detrás de
su frente o de las cejas.

Allí percibirá diminutos fragmentos de color.

Estos fragmentos parecen cambiar, y configuran formas
singulares.

Al principio, cuando usted comienza a relajarse, se configuran como trocitos de color amarillo, rojo o naranja.

A medida que se encuentra más relajado, comienza a darse cuenta de que los colores se tornan azul, verde y azul-verde profundo.

A medida que aumenta su relajación, los colores se hacen más claros.

Puede imaginárselos latiendo con un ritmo que relaja más y más.

Puede ahora cerrar los párpados, y relajarlos después.

Cuando los cierra fuertemente, cae en la cuenta de que los colores parecen cambiar y componen figuras aún más intrigantes.

Cuando relaja sus párpados, cae usted en la cuenta de que se siente cada vez más a gusto, más confortablemente.

Las partículas de colores azules y verdes tienden a hacerse más y más grandes. Se forman y deforman en figuras circulares, y usted concentra su consciencia en los colores a medida que se siente más y más relajado.

Ahora, en cada respiración, cae en la cuenta de que los colores cambian con el ritmo de la respiración.

En cada una de las respiraciones profundas, los colores se convierten en azul-verde profundo, y cuando usted expulsa el aire, se tornan azul y verde claro.

Las figuras de los colores continúan oscilando hacia delante y hacia atrás, y usted siente una especie de luminosidad.

Todas las tensiones y ansiedades del día parecen escapar de su cuerpo como si fueran arrastradas hacia el aire, a punto de alejarse llevadas por el viento.

Con cada respiración, las figuras se tornan más y más complicadas.

Usted se siente embelesado con los colores y todos los otros sonidos; movimientos y luces situados a su alrededor parecen concentrar los colores con más fuerza en su mente.

Presta usted menos y menos atención a los estímulos externos.

Comienza a introducirse en un bello sueño de día y nada parece molestarle.

Se encuentra completamente relajado y casi en condiciones de dirigir su mente hacia el Paso Dos del Poder Total de la Mente.

Continúa concentrando los colores en su mente.

Ahora piensa en los diferentes músculos de su cuerpo y dirige su atención al que está más tenso y rígido.

Dirija su atención al músculo que ha elegido, tal vez un músculo del cuero cabelludo o del muslo.

Visualice en su mente un color alrededor de ese músculo.

Normalmente, un músculo tenso debería tener un aura amarilla o roja alrededor de él.

Cuando observa el color alrededor de este músculo, dirige usted su mente a relajarlo y se aligera la tensión.

Cuando el músculo se relaja, los colores pasan del amarillo, rojo o naranja a un color azul o verde; y cuando el músculo está completamente relajado, desarrolla un color azul-verde oscuro en su entorno.

Permita ahora que su cuerpo entero se relaje más aún; báñelo en un color azul-verde oscuro.

Puede usted ver en su mente el mismo color azul-verde oscuro formando figuras rítmicas, relajantes.

Esta relajación le acompañará a lo largo de todo el Paso Dos del Poder Total de la Mente, que continuará usted dentro de breves momentos.

La visualización mental precedente ha sido leída por usted mismo o por cualquier otra persona; la ha grabado directamente y puede ser modificada a su antojo para hacer frente a sus necesidades particulares. Lo verdaderamente importante es relajarse, evitar el *stress* y seguir su propia inclinación.

El Paso Dos incrementará y hará más expansiva la concentración de consciencia que ha alcanzado en el Paso Uno, y variará algunas de las técnicas empleadas. Después que haya procedido una vez a través de los pasos tal como han sido delineados, tal vez piense que puede proceder velozmente a través del Paso Uno y estar rápidamente dispuesto para el Paso Dos.

CON EL PASO DOS, PASA USTED DE LA CONSCIENCIA CONCENTRADA A DIRIGIR SU MENTE HACIA PROBLEMAS ESPECIFICOS O A CAMINAR HACIA LA CONSECUCION DE UNA META MAS ALTA. La visualización mental deberá estar preparada de manera que dirija su mente a hacer por usted lo que desea que haga, bien se trate de superar una enfermedad, de mejorar su rendimiento en la natación, o en la pista de tenis.

En las páginas siguientes presentamos visualizaciones mentales que han sido ideadas para situaciones específicas. Digamos una vez más que pueden ser utilizadas tal como están en el libro; o también ser alteradas para sus necesidades específicas. Puede usted redactar sus propias visualizaciones. Las que presentamos aquí se refieren a una muestra representativa de los problemas más frecuentes. Tal vez no esté ilustrada en este libro la situación particular en que se encuentra, pero las visualizaciones que presentamos aquí pueden servir como modelo o ejemplo de cómo preparar sus propias directrices para que se adecuen perfectamente a sus necesidades.

Es importante caer en la cuenta y tener presente que las direcciones dadas en el Paso Uno pueden solaparse con algunas de las directrices que usted se da en el Paso Dos. Por consiguiente, los dos pasos se refuerzan recíprocamente, y algunas directrices del Paso Dos pueden incrementar la concentración de su consciencia.

DEPENDIENDO DE SUS NECESIDADES, LAS VISUALIZACIONES MENTALES UTILIZADAS EN LOS PASOS UNO Y DOS SON SUS INSTRUMENTOS PARA EL PASO TRES. En el Paso Tres, usted determina la frecuencia o repetición de su uso. Dado que las relaciones y respuestas de sus mente difieren de las de todas las demás personas, centre el uso de las visualizaciones partiendo de los resultados que obtenga. La idea básica es que usted es el dueño de la utilización del Poder Total de la Mente. Las visualizaciones y su mente están siempre a mano. Apliquelas en consonancia con sus necesidades.

Centre su consciencia en el Paso Uno, dirija su mente en el Paso Dos y refuerce las direcciones, en cuanto sea necesario, en el Paso Tres. Con esta combinación controlará mejor su vida sin estar innecesariamente influido por todas las presiones de su entorno por una sociedad que pretende saber qué es lo mejor para cada uno de nosotros, pero que no acierta.

Una lectura continuada y completa del libro, y la aplicación de las técnicas indicadas, le asegurarán una vida más saludable y cargada de sentido. Y, sobre todo, se encontrará con una vida en la que usted mismo planifica las directrices que desea seguir.

8

QUE PUEDE ESPERARSE, Y COMO SABER SI SE OBTIENEN RESULTADOS DE LA APLICACION DEL PODER TOTAL DE LA MENTE

Pienso que la utilización del Poder Total de la Mente es el método más positivo y eficaz para la solución de sus problemas y para una mejoría completa. No se preocupe de si las técnicas del Poder Total de la Mente trabajan o no para usted. Ciertamente, están reportándole beneficios mientras siga las técnicas paso-a-paso. En seguida comprobará que son eficaces. Lo verá por los resultados que obtiene.

COMO DETERMINAR SI SE ENCUENTRA EN ESTADO DE CONS-CIENCIA CONCENTRADA. Sus sentimientos serán diferentes. Tal vez tenga usted la impresión de que está flotando en un baño de nubes. Puede suceder también que se sienta efervescente, chis-peante o con experiencias sensoriales específicas. Por ejemplo, si piensa que se encuentra caminando en un jardín de rosas, «olerá», tal vez, sus aromas distintivos, incluso si sus sentidos no son estimulados por la fragancia de una flor real. Recuerde que la intensidad de su imaginación, cuando concentra usted su consciencia, se reflejará en la variedad de reacciones que recibe durante este estado. Mientras se encuentra en estado de consciencia concentrada podrá caer en la cuenta de otras cosas, sentimientos de emoción, de flotación...; con todo, usted no está realizando ninguna de estas acciones concretas; simplemente se encuentra reclinado o sentado en una posición confortable, relajada.

SU SITUACION, EXPECTATIVAS Y CIRCUNSTANCIAS DE VIDA HAN SIDO ALMACENADAS EN ESA VASTA RESERVA QUE ES EL 90 POR 100 DE SU MENTE. Todas ellas ayudan a saborear los sentimientos e incitaciones que experimenta mientras se encuentra en estado de consciencia concentrada. Recuerde que *su* mente determinará cómo tiene usted que responder a los estímulos; y usted reaccionará a sus propias experiencias y expectativas. Los sentimientos que experimentan quienes utilizan el Poder Total de la Mente son tan variados como sus mismas personalidades. Cada uno de nosotros es un individuo, y por tanto sus reacciones son distintas frente a idénticos estímulos. Por consiguiente, si conoce a alguien que está utilizando el Poder Total de la Mente, no tiene por qué pensar que sus sensaciones y reacciones tienen que ser las mismas de esa otra persona.

OTROS CAMBIOS QUE USTED VERA, SERAN CAMBIOS EN SUS PROBLEMAS O SITUACIONES. Teniendo en cuenta, por supuesto, la intensidad de esos problemas o situaciones, notará que aquello que le turba disminuye gradualmente a medida que continúa aplicando el Poder Total de la Mente por completo. Molestias tales como el dolor de cabeza constante, y otras dolencias psicosomáticas, desaparecerán y no le molestarán más. Si pretende mejorar su rendimiento en la pista de tenis, notará cambios positivos a medida que aplica el 90 por 100 de su mente. Si tiene exceso de peso y aplica las técnicas para rebajarlo, comprobará que pierde gramos de peso.

65

CONOCERA LOS RESULTADOS POR SUS LOGROS. A medida que se familiarice con las técnicas del Poder Total de la Mente y las utilice con mayor soltura, comprobará los resultados. No importa que piense o deje de pensar que está centrando su mente porque lo está realizando por el hecho de aplicar los tres pasos. Tal vez no crea que está utilizando el Poder Total de la Mente, pero si sigue los procedimientos expuestos en este libro, si escucha sus visualizaciones mentales, el Poder Total de la Mente estará trabajando para usted. El grado de su eficacia se halla determinado por los resultados. Al principio éstos serán graduales, pero si continúa aplicándolos los alcanzará por completo, y la aplicación ocasional de cuando en cuando mantendrá los resultados.

HAGA UN INFORME DE LOS RESULTADOS. Durante la utilización del Poder Total de la Mente, mantenga un informe de su programa y de sus progresos. Utilice la forma que presentamos en la parte final de este libro, u otra similar a ella. Cada vez que utilice el Poder Total de la Mente, cartografíe los resultados. De este modo podrá ver que está aproximándose a la meta. Cada vez que anote su progreso, reforzará su fe en el Poder Total de la Mente, y esto producirá maravillas en usted. Los resultados y beneficios que obtiene son la mejor indicación de que el Poder Total de la Mente está trabajando para usted; que está resolviendo sus problemas y mejorando su bienestar. Verá que lucha menos con sus problemas y comenzará a utilizar más su mente.

MIENTRAS UTILICE EL PODER TOTAL DE LA MENTE PARA UN PROBLEMA O SITUACION ESPECIFICOS, CAERA EN LA CUENTA DE QUE ESTA PROGRESANDO TAMBIEN EN OTRAS AREAS. Cuando dirija su mente a resolver un problema particular, percibirá otros beneficios secundarios o en otros campos. Cuando se aplica el Poder Total de la Mente a un problema o situación específicos, aquél tiende no sólo a resolver la perturbación concreta, sino que al mismo tiempo ofrece una bonificación en forma de sentimiento general de salud y bienestar mejorados. Porque mientras usted supera un problema, sus restantes funciones corporales y mentales se revitalizan y rejuvenecen.

Se cree que las funciones bioquímicas y metabólicas se hallan relacionadas con el rendimiento mental. Por consiguiente, cuando una mejora, seguirán también las mejorías en otras áreas. El incremento de las sensaciones de bienestar contribuye también a configura las prestaciones mentales.

PROLOGO A LAS VISUALIZACIONES MENTALES

Nota.—Todo lo relatado en los capítulos siguientes es verdadero. Se trata de experiencias de amigos o pacientes que han consultado conmigo y comenzaron a utilizar el Poder Total de la Mente cuando creí que podría encontrarse una solución a sus problemas o mejorar su situación. Por supuesto, los nombres no responden a la realidad.

9
INCREMENTE LOS BENEFICIOS DEL PODER TOTAL DE LA MENTE MIENTRAS DUERME O SUEÑA

Desde los tiempos más remotos de la historia ha existido interés por adentrarse en los misterios del dormir y de los sueños. Los griegos de la antigüedad erigieron templos para soñar, como medio para regenerar la mente y con finalidades terapéuticas.

Sigmund Freud escribió largas obras sobre este intrigante tema. En la actualidad son innumerables los estudios médicos y científicos dedicados al fenómeno de los sueños y sus implicaciones en el individuo. A pesar de todos estos estudios y preocupaciones, amplias áreas quedan aún sumergidas en el misterio.

Priscila Walker y R. F. Q. Johnson, de la Fundación Medfield (Medfield, Mass.), declaran, en un artículo de investigación, que tanto los datos experimentales como los clínicos «han indicado que, con algunos sujetos, se ha demostrado la posibilidad de influenciar el contenido de los sueños nocturnos proporcionándoles sugerencias específicas momentos antes de que se durmieran».

Es posible emplear las técnicas del Poder Total de la Mente

para incrementar, mientras se duerme, los efectos de las directrices previas al sueño. Y como hemos indicado en este mismo capítulo, la capacidad de dirigir los sueños puede tener resultados beneficiosos.

Las personas dedican normalmente la tercera parte de su vida a dormir. Por lo que respecta al beneficio específico de la mente, la mayor parte de este tiempo se pierde, aunque, en general, sirve para la regeneración de la mente y del cuerpo. Algunas escuelas de psicología opinan que el fenómeno «normal» del soñar afecta a nuestra salud mental, y que el trastorno de las pautas de comportamiento en este punto puede tener consecuencias emocionales nocivas. Esta teoría ganó credibilidad cuando se descubrió que si se interrumpen los sueños deliberadamente, se producen desequilibrios emocionales.

A pesar de que no soñamos continuamente mientras dormimos, se cree que la mente funciona a altos niveles durante ese período. Mediante el Poder Total de la Mente es posible utilizar al máximo estas horas.

Puede dirigirse la mente para que trabaje para usted durante el sueño con la misma intensidad que en el estado de vigilia, pero con mayores ventajas. Se la utiliza de una forma nada forzada, y el sueño ofrece una pantalla óptima para evitar cualquier estímulo.

Entre los mayores beneficios que es posible obtener de la utilización del Poder Total de la Mente durante el sueño, se cuenta la capacidad de rememorar los sueños cuando usted se levanta por la mañana, el poder de controlar sus sueños, programar lo que quiere soñar, el poder de encauzar el poder mental en la dirección adecuada para superar dificultades o resolver problemas difíciles. Todo esto puede realizarse sin interferir para nada en la realimentación de sus sistemas corporales, que constituye uno de los objetivos del sueño.

Los sueños pueden ser experiencias agradables y, llevados a la memoria consciente, agraciarnos con sentimientos gratificantes.

Un doctor conocido mío, Stan, discutía conmigo y otros colegas las funciones de la mente, y surgió el tema de los sueños.

Stan, un tipo alegre y nada común, decía que tenía bellos y maravillosos sueños, pero que sólo podía recordar algunos de ellos cuando despertaba. Obviamente, algunos de sus sueños eran tan deliciosos que se sentía privado de su solaz si no podía recordarlos.

«¿No sería maravilloso poder recordar nuestros sueños y seleccionar las cosas sobre las que desearíamos soñar?», dijo Stan. Se sintió entusiasmado cuando le respondí que estudios científicos habían demostrado que es posible tal recopilación y selección. Me encontraba ante una persona de reconocidas dotes médicas que supo cómo aplicar esas dotes en el arte cotidiano de sanar cuerpos. Pero cuando se trataba de la investigación de la mente, era plenamente ignorante de las enormes posibilidades que ésta ofrece.

Cuando describí cómo el Poder Total de la Mente puede incrementar la belleza de los sueños, Stan me escuchó atentamente y se mostró de acuerdo en aplicar las técnicas del Poder Total de la Mente. Algún tiempo después me confesó que había tenido los sueños más bellos de su vida, y que era capaz de recordarlos con toda claridad cuando despertaba. Adquirió también la capacidad de seleccionar los temas sobre los que deseaba soñar, lo que le procuró enormes placeres y unas perspectivas más amplias cada día.

El poder dirigir los temas sobre los que deseaba soñar tuvo efectos colaterales beneficiosos para su profesión médica. Cuando Stan tenía alguna dificultad de tipo médico, decía que dirigiría su mente a solucionar el problema; lo hacía en el momento de ir a dormir. Y, con mucha frecuencia, cuando despertaba los problemas estaban resueltos.

Así, el descubrimiento del Poder Total de la Mente proveyó a Stan no sólo de una estructura mental más sana, sino, además, de una ayuda complementaria que podría utilizar en su profesión médica para mejorar a sus pacientes.

La visualización mental Paso Dos, que ofrecemos a continuación, puede ser utilizada justamente en el momento inmediatamente anterior a acostarse. Pretende dirigir la mente para recordar los sueños. Al igual que todas las visualizaciones mentales Paso Dos, debería usarse a continuación de la visualización del Paso Uno para concentrar la consciencia.

Se ve usted a sí mismo levantándose por la mañana, inmediatamente después de haber tenido un sueño maravilloso.

Tiene junto a la cama un block y un lápiz, o un magnetófono, y registra inmediatamente los contenidos de su sueño.

* * *

Comprueba usted que ha desarrollado un sentido agudísimo de consciencia sobre sus sueños y un interés en intentar recordarlos.

Se escucha a sí mismo diciendo que hará un esfuerzo por recordar, cuando despierte, todos sus bellos sueños cada vez que tengan lugar.

Antes de ir a dormir, se imagina a sí mismo pensando sobre el sueño que desearía tener.

Se siente creando este sueño en su mente con todo el poder de su imaginación, y le produce un enorme sentimiento de placer y satisfacción el saber que tendrá un bello sueño.

Se imagina a sí mismo visualizando el sueño que le gustaría soñar.

Se ve a sí mismo aplicando las técnicas del Poder Total de la Mente para dirigir su mente a recordar sus sueños.

Ahora se escucha usted describiendo el sueño que le gustaría tener; lo describe una y otra vez.
En un espacio brevísimo de tiempo, ese sueño corre por su mente miles de veces.
Usted puede *sentir* el sueño..., puede *ver* el sueño..., puede *escuchar* el sueño..., puede *palpar* el sueño..., y puede *oler* el sueño.

* * *

Ahora se imagina a sí mismo leyendo o escuchando el registro que ha realizado del sueño, y recuerda cada uno de sus detalles.
Su mente retrocede al sueño y le produce un agrado inconmensurable.
Desde que sabe que tiene un diario de sus sueños, al que puede acudir en todo momento para refrescar su memoria, tiene la absoluta seguridad de que disfrutará de sus sueños.

El segundo aspecto de la utilización del Poder Total de la Mente en relación con los sueños es el control del tema. Usted puede tener no sólo la capacidad de recordar los sueños con todo detalle, sino también la de crear los sueños que desea.
Esta visualización mental sencilla le muestra cómo puede dirigir su mente para que trabaje para usted mientras duerme:

Usted se visualiza tumbado sobre la cama antes de dormir, y

se ve recorriendo el Paso Uno, la concentración de la consciencia.

Se siente muy relajado y cómodo.

Ahora se imagina a usted mismo dirigiendo su mente hacia el problema que le gustaría resolver, y se escucha repitiendo las directrices una y otra vez en el espacio de breves momentos.

Además, se escucha dando instrucciones específicas.

Estas instrucciones dicen que todas las directrices no sólo le afectarán cuando se encuentre en su estadio diario de vigilia, sino que le afectarán también cuando duerma en su cama.

Imagine que hay en su mente una pantalla de cine o televisión cuando duerme.

Ahora se contempla a sí mismo dirigiendo la mente mientras duerme.

Las directrices que desearía para su mente están apareciendo en la pantalla de su mente.

Ve que esas directrices cambian su vida en la manera deseada por usted.

Cuando se ve durmiendo con la pantalla en su mente mostrando las directrices que usted ha ordenado, confía en que, mientras duerme, su mente está trabajando frenéticamente para usted.

Cuando despierta por la mañana, tiene usted un enorme sentimiento de confianza en que ha sucedido algo enormemente positivo para usted durante su período de sueño.

* * *

Existe otra manera de aplicar el Poder Total de la Mente a los sueños para enriquecer su vida. Puede usted incrementar su creatividad haciendo sus sueños más bellos, dándoles mayor colorido, más animación; haciéndolos más maravillosos y excitantes. Incluso los mismos sueños de su infancia.

El dirigir los sueños por este derrotero le proporcionará un fuerte sentimiento de bienestar y una mayor capacidad para enfrentarse con el mundo cada día. Cuando llegue a caer en la cuenta de que le es posible cambiar sus sueños negativos o malos por otros felices, se sentirá usted más feliz, más sereno.

El placer que deriva del hecho de dirigir sus sueños de manera creativa y positiva hará que las ansiedades y los problemas desaparezcan con rapidez y añadirá nuevas dimensiones de gozo a su vida. Esto es algo que puede lograrse cada noche, fácilmente, con toda sencillez.

La visualización mental siguiente pretende incrementar su creatividad mediante los sueños placenteros haciendo que crezca el placer y la satisfacción durante las horas de vigilia.

Se ve a sí mismo paseando por un campo de trébol.

Es un día caluroso y siente una suave brisa que le acaricia el rostro.

Puede escuchar el canto de los pájaros en el bosque cercano.

El dulce aroma del trébol es sumamente agradable.

En sus labios hay un sabor de frescura que proviene del día veraniego.

Se siente usted muy, muy perezoso, y decide tumbarse sobre el mullido trébol cerca de la sombra de un árbol grande que se levanta en medio del campo.

Cuando se ha tumbado, comienza usted a dormir en un sueño soñador.

No es un sueño ordinario, sino un ensoñar enormemente vívido.

En ese sueño se ve a sí mismo caminando hacia un bosque cercano.

La floresta es misteriosa, oscura, profunda, pero no le amedrenta.

Decide entrar en el bosque, porque es encantador.

Se siente empujado a seguir una senda diminuta que puede divisar a través de la densa vegetación de los árboles.

Cuando camina a través del bosque, pequeños pájaros y animales van hacia usted.

La floresta parece amistosa y protectora.

Hay muchas bellas y abigarradas flores por doquier sobre el suelo del bosque, y amables enredaderas multiformes, verdes y marrones, se enroscan en los árboles.

Pequeños animalitos, tales como ardillas, le miran curiosamente desde los agujeros de la tierra.

Son amistosos.

A medida que avanza por la senda, ve de pronto un claro delante de usted. Cuando se acerca a él, parece haber una bella luz que se filtra por entre las copas de los árboles.

Al llegar al claro, ve un estanque somero situado frente a usted, con una luz que refleja un espectro de colores desde la superficie.

Se siente encandilado por los colores deslumbrantes que emite la superficie del estanque. Cuanto más los mira, más vívidas se tornan las diminutas rayitas. Al comienzo, los colores aparecen en tenues reflejos amarillos, naranja y rojo. Cuando se fija atentamente en ellos, las ráfagas de color comienzan a bailar en su mente.

Ahora los colores han adquirido una mezcla de azul y verde.

Los diversos tintes parecen tener un ritmo propio, y al contemplar complacidamente los colores, comienza a escuchar una música suave, bella, que viene a través de los árboles.

La música parece tener una cadencia de sonido en consonancia con el ritmo de danza de los colores, y usted desarrolla un sentimiento de gozo a medida que los rayos de luz coloreante y la música crean una maravillosa, sedante, sensación en su cuerpo.

A medida que la música continúa, comienza usted a sentirla como si los acordes estuvieran acariciando su piel por todo el cuerpo.

Siente que la música pasa, con todo su ritmo, alrededor de su cuerpo, a través de él, penetrándolo.

Desarrolla usted una sensación de bienestar que trasciende todo lo que ha sentido antes, y se siente como si fuera una parte del universo.

Se siente formando una unidad con el mundo que le rodea y percibe una sensación de plenitud.

Retire ahora su mente de los colores que se reflejan sobre el estanque y continúe caminando por el bosque.

Con el fin de ir más lejos, se ha quitado sus zapatos y cruza vadeando el lago para encontrar la senda en la otra parte del estanque.

Observa graciosos venados y pequeños, pacíficos, animales que beben en las orillas del lago. Se siente profundamente unido a las criaturas del bosque.

Comienza ahora a vadear el lago y puede sentir el blando fondo bajo los dedos de sus pies y el agua fresca que los envuelve.

El lago parece ejercer un efecto mágico sobre usted, y un
sentimiento arrollador de bienestar le apodera. Hunde su
mano en el lago y echa un trago del agua clara como el
cristal.

Sabe tan fresca y limpia, que hunde su mano repetidas veces
para beber de ese lago mágico.

Siente que un nuevo vigor le invade a medida que bebe del
agua y cae en la cuenta de que el agua mágica será benefi-
ciosa para su salud.

Usted desarrolla una sensación de rejuvenecimiento y de
juventud como no la había sentido hace mucho tiempo.

Continúa usted a través del lago y encuentra la senda que
conduce a través del bosque.

Al fijarse en la senda se da cuenta de que el bosque terminará
en seguida, y al final de los árboles parece existir un campo
de bellas flores de muchos colores.

Usted desea alcanzar el campo lo antes posible.

Se apresura por la senda hacia el margen del bosque.

Cuando camina por el campo cubierto de flores, vive una
evocación enormemente fuerte de la maravillosa y mágica
experiencia en la que acaba de estar inmerso.

Sabe, sin embargo, que el viaje no ha terminado porque usted no ha retornado aún al campo de trébol.

Realmente, se halla en un campo diferente, que le da una
sensación de placer que jamás había experimentado con
anterioridad.

Los olores son tan dulces, tan perfectos. Usted puede
gustarlos.

Algunos de los aromas parecen penetrar en su cuerpo, para
conferirle nuevo vigor y vitalidad.

Camina muy despacio por el campo de flores; coge algunas flores e inhala profundamente su fragancia maravillosa.

Algunas flores le producen una sensación de excitación, otras una sensación de placer; finalmente, otras, la impresión de estar flotando sobre una nube.

Ahora sigue caminando a través del campo de flores; lo hace muy lentamente, gozando de cada instante.

En la parte más alejada del campo, cae en la cuenta de que existe otra senda que conduce a la cima de una montaña empinada.

Decide seguir la senda hacia arriba, hasta la cima de la montaña; de esa manera, podrá divisar desde la altura todas las cosas maravillosas que ha observado durante el recorrido.

Cuando asciende por la senda experimenta un regocijo que le produce una oleada de vigor nuevo.

Camina hacia delante para alcanzar la cima de la montaña.

El aire es muy fresco y puro y puede sentir cómo llena sus pulmones cada vez que respira.

Cuando alcanza la cima de la montaña, tiende su mirada sobre el campo de flores; forman una pintura abstracta y bella en su mente.

Son muchos, muchísimos, los colores que inundan su mente con sensaciones amables.

Al volver la vista sobre el bosque, apenas si puede ver el maravilloso, encantado, lago que tanto placer le ha producido con sus colores y destellos luminosos.

Lejos, muy lejos, puede divisar el campo de trébol donde comenzó la andadura.

Parece como si su espíritu entero hubiera sido elevado a las alturas y que usted hubiera disfrutado de un recorrido maravilloso, encantador.

En este momento, decide abandonar la montaña y retornar al campo de trébol, donde pondrá fin a su sueño soñador.

Hay una senda que conduce falda abajo de la montaña a través de un laberinto de maleza y arbustos verde y marrón.

El sendero aparece totalmente claro para usted y parece retornar al campo de trébol con suma rapidez.

Su sueño toca a su fin, y usted retorna a través del campo de trébol sintiéndose totalmente feliz y contento.

Usted afirma solemnemente que será siempre capaz de recordar y revivir estas experiencias maravillosas; y recordarlas con todo detalle siempre que lo desee.

10

COMO CAMBIAR SU PESO CON EL PODER TOTAL DE LA MENTE

La obesidad ha constituido una plaga para la humanidad a lo largo de miles de años, dando origen a un increíble número de dietas y manías que fueron consideradas como curas del repugnante y peligroso problema. Los medicamentos, algunos de ellos peligrosos, de manera especial cuando se toman sin supervisión alguna, han sido desarrollados para atajar tal mal; pero el problema continúa ascendiendo vertiginosamente.

Determinados tipos de obesidad quizá sean consecuencia de problemas genéticos de metabolismo o de mal funcionamiento de algunas glándulas, y ser sometidos a prueba médicamente; pero la mayoría de las obesidades están producidas por comer en exceso y por falta de ejercicio físico. Incluso la obesidad heredada y la glandular pueden ser reducidas haciendo más ejercicio o comiendo menos.

Pero ejercitar una voluntad ordinariamente débil para lograr comer menos y hacer más ejercicio es algo enormemente costoso y penoso. Además, en la mayoría de los casos representa una solución puramente transitoria. Muchas de las personas con peso excesivo no disponen, además, del tiempo preciso para dedicarse a hacer ejercicio. En consecuencia, tienen que comer aún menos para controlar su peso, por lo que la situación se torna aún más penosa.

Sin embargo, el Poder Total de la Mente puede ayudar de una manera que se halla fuera de las posibilidades de otros métodos —y que no requiere ejercitar el poder de voluntad—. Su mente, una vez dirigida de forma adecuada, es capaz de hacer decrecer el deseo de alimentos, e ir más lejos. Puede, incluso, dar respuestas al control glandular.

Existen áreas específicas en su cerebro que controlan la manera de metabolizar sus propios alimentos. Por consiguiente, usted puede controlarlas. Muchas de ellas están siendo estudiadas por los científicos médicos, pero en su mayor parte, siguen siendo un misterio. Es archiconocido que las funciones glandulares del cuerpo son controladas por el cerebro. Por tanto, si usted controla su mente, puede controlar sus funciones glandulares.

Los conceptos del Poder Total de la Mente, que no se dirigen a determinar por qué una persona come en exceso, sino que se centran en las técnicas para perder peso, se apoyan en las investigaciones del doctor Albert Stunkard, del departamento de psiquiatría de la universidad de Pensilvania.

En un artículo dedicado a la investigación, titulado «New Therapies for the Eating Disorders» («Nuevas terapias para los desórdenes culinarios»), el doctor Stunkard señala:

«La terapia interna, centrada en los impulsos, motivaciones y conflictos internos, olvida con demasiada frecuencia factores ambientales en el control del alimento. Y lo olvida con tanta persistencia como el tratamiento médico general.

»Además, proponiendo la esperanza de una eventual solución a la obesidad mediante la resolución del conflicto, puede fomentar expectativas mágicas que distraen al paciente de preocupaciones mundanas de mayor potencialidad terapéutica.»

Como usted sabe, el Poder Total de la Mente trabaja para controlar su sistema nervioso y, así, las diversas partes del cuerpo. Y todo ello a pesar de que usted desconozca tal vez qué son las estructuras anatómicas o fisiológicas o cuál es su cometido funcional. No es preciso que usted conozca todo esto para poder controlarlas. Aquí ocurre algo similar a lo apuntado respecto de la electricidad. Usted puede crear en su mente imágenes de lo que le gustaría haber hecho en su propio provecho.

Usted puede visualizar su cerebro como una oficina con pocas personas trabajando, ejecutando las órdenes que usted anuncia; o utilizar cualquier otro concepto que pueda sugerirle la imagen de un cerebro en funcionamiento. Lo verdaderamente importante es que dirija su mente a través de un recorrido que regulará las áreas que controlan la obesidad.

Usted puede dibujar en un área un pequeño interruptor a manera de control que, cuando establece el circuito, le produce hambre y, cuando lo interrumpe, hace que su hambre desaparezca. Esta fantasía puede ser tan elaborada como quiera o necesite que así sea. Sea cual fuere el mecanismo que elija, no es necesario que comprenda el intríngulis interno. A usted lo único que le importa es que el interruptor funcione.

El modelo de visualización que ofrecemos a continuación para controlar la obesidad utiliza éstas, así como las de otros sentidos:

Ahora dirige su mente a perder el peso que le gustaría quitarse de encima.

Dirige su mente a verse en un espejo con la silueta que *usted* desearía tener, con el peso que le parecería adecuado.

Se ve quitándose la ropa frente a un espejo de cuerpo entero.

Se halla de pie frente al espejo y hay muchas luces a su

alrededor; vienen de los diversos rincones y lugares que rodean la habitación.

A medida que va quitándose diversas ropas, ve usted las diferentes áreas de su cuerpo; le producen desagrado porque están mantecosas y fláccidas.
Una de las áreas que examina detenidamente es su abdomen.
Parece enormemente grande.
Mucho mayor, en cualquier caso, de lo que había imaginado.
Areas tales como sus brazos, muslos, cogote y mentón son muy voluminosas y protuberantes.
Esto le produce disgusto, pero sabe que puede cambiar todo esto mediante la utilización del Poder Total de la Mente.

Ahora mira al espejo y visualiza cómo desaparecen todas aquellas áreas de peso excesivo.
Se ve con el peso que le *gustaría* tener.
Y se complace viendo cómo tiene una silueta mucho más apuesta y bella.
Al contemplarse en el espejo, desarrolla un sentimiento de bienestar y felicidad que le hace sentirse mejor que en cualquier otra circunstancia recordada.
Comienza a sentirse verdaderamente orgulloso de haber sido capaz de perder peso.

Ahora tiene la completa seguridad de que es capaz de hacer esto, lo que le confiere un sentimiento de gran realización y satisfacción.

Se ve ahora sentado junto a la mesa de un comedor y contempla diversos alimentos dispuestos delante de usted.
Algunos de ellos son altamente «peligrosos».

Por ejemplo, la crema helada, los pasteles, el pan, las galleti-
tas, la empanada, y otros muchos que ha deseado usted en
el pasado.

En la mesa hay también alimentos que son buenos para
usted: vegetales, carnes, quesos, leche y frutas.

Siente un fuerte impulso a comer únicamente aquellos que
son buenos para usted; al mismo tiempo, desea rechazar
los alimentos que sabe incrementan las grasas y fomentan
la esclerosis.

A continuación, se ve comenzando a degustar algunos de los
alimentos que son buenos para usted.

Hay un trozo de pollo al que le han quitado la parte grasienta,
una zanahoria cruda que se ve masticando, y algunos
otros buenos bocados.

Sientan mucho mejor que los dulces. Se ve retirando los
alimentos «peligrosos».

Pide a la persona que los sirve a la mesa los retire, porque
usted está más interesado en los alimentos que son buenos para su salud.

* * *

A continuación, hace mentalmente una lista con todos los
alimentos que sabe que engordan y no son buenos para
usted.

Repasa todos y cada uno de ellos en su mente, en detalle.

Los examina muy de cerca.

Puede comenzar con un helado de chocolate..., y se ve perdiendo el gusto por él.

Se ve ahora frente a un gran pastel de coco cubierto por una
gruesa capa de crema..., y se ve perdiendo el gusto por él.

Sabe excesivamente azucarado y dulce, y el pensar en tomar todo el azúcar que contiene está a punto de producirle náuseas.

Recuerda haber escuchado hace muchos años que el azúcar era considerado como una droga poderosa, y que sólo las farmacias podían despacharla en pequeñas cantidades.

Decide entonces que esa droga no es buena para usted en las grandes cantidades en que la ha ingerido.

Por alguna razón, se le antoja que el azúcar parece superar ahora su capacidad de tolerancia, y decide no comerlo a no ser en cantidades muy pequeñas, y sólo cuando sea absolutamente necesario.

Ve ahora una rebanada de pan blanco sobre la mesa.

Sabe que contiene muchos aditivos químicos y que los procesos a que ha sido sometido lo han privado de todas sus propiedades nutritivas.

Sabe que esto no es bueno para usted.

Contempla la rebanada de pan y piensa cómo le sabría si la muerde. Le parece tan rígida y pesada que no puede continuar comiendo ese alimento. Por tanto, decide que le gustaría que lo retiraran.

Usted dirige su mente a decirse tales cosas.

Visualiza todos estos alimentos en su mente, y ve y escucha que ésta le habla de cada uno de ellos.

Examina cada alimento, uno por uno.

Contempla ahora algunas dulces bebidas, colocadas ante usted. Parecen tan dulces, que si las bebiera se sentiría realmente mal.

Cae en la cuenta de que su mente le ha dirigido para que se

aleje de todos estos alimentos que consideraba delei-
tosos.
Le repelen.
Son tan dulces que no puede aguantarlos.

Ahora visualiza un interruptor que sirve de control.
Cuando se enciende, hace que sienta hambre; cuando se
apaga, decrece su apetito.
Puede ver fácilmente este interruptor en su mente.
Siempre que desee evitar un alimento determinado, vea el
interruptor colocado en la posición de «apagado».
Pero cuando está rodeado de los alimentos más convenien-
tes —en las proporciones adecuadas—, enciende el interruptor y come únicamente lo necesario para una nutrición
adecuada.

Cuando se trate de alimentos dulces, tartas, empanadas y
otros similares, y sabe que no le convienen, pone el interruptor en la posición de «apagado» y su apetito decrece.
Dirige usted su mente a hacer esto cada vez que le ofrezcan
un alimento.

Ve también otro interruptor en su mente.
Es para controlar la forma de metabolizar de su cuerpo.
Este interruptor está siempre en posición de encendido.
Ve todas las pequeñas moléculas químicas de su cuerpo que
utilizan todo el alimento que ingiere.
Todo lo que usted come es metabolizado de manera que no
permita el almacenamiento de grasas en su organismo.

Ve un tercer interruptor que también está situado permanen-
temente en la posición de «encendido».
Este interruptor controla las células de la grasa en su cuerpo.

DONALD L. WILSON

Cuando éste se halla en posición de «encendido», su mente dirige todas las células para que consuman todo exceso de grasa existente en su cuerpo, y a continuar consumiendo hasta que usted adquiera el tamaño y proporción que desearía tener.

Aunque a una persona con peso excesivo le cueste trabajo creerlo, los que están por debajo de un peso normal y son incapaces de salir de él se sienten tan frustrados y exasperados como los «gordos», y, frecuentemente, tienen tantas dificultades y sufrimientos como ellos.

Cuando se trate de personas por debajo del peso normal, bastará con invertir los métodos incorporados en la visualización anterior, y funcionará positivamente sea cual fuere la causa de su delgadez.

Quienes padezcan una enfermedad avanzada, un cáncer por ejemplo, desearán ganar peso, pero difícilmente lo lograrán.

Un atleta, o cualquier otra persona deseosa de desarrollar los músculos para tener un físico más atractivo o para alcanzar mejores resultados en el deporte, tal vez desee incrementar el volumen de la variedad no grasa.

Puede utilizarse el Poder Total de la Mente para estos problemas. Es suficiente invertir los ejemplos. Los interruptores de la mente cambiarán a las posiciones opuestas. Se incrementará el apetito, existirá un mayor deseo de comer alimentos que contienen grasa pero tienen propiedades nutritivas aceptables.

Importa recordar que la mente influye en las funciones bioquímicas y fisiológicas de nuestro cuerpo a través de formas que van más allá de la sugestión simple −maneras no explicadas aún por la ciencia−. Con todo, para ganar peso debería redactar una visualización mental que dirigiera su mente en esa dirección.

Podría, por ejemplo, imaginarse a sí mismo delante de un

espejo viéndose como querría ser. Describirá las cosas que desea de su mente, tales como la tonificación muscular.

Gustará y olerá los alimentos que dirige como aptos para la comida; visualizará su cuerpo llenándose de ellos, todo el crecimiento muscular. Se autoimaginará haciendo ejercicio para mantener su cuerpo en forma y para incrementar el vigor de los músculos.

De acuerdo con algunos estudios dedicados a investigaciones en estas áreas, el acto de visualizarse haciendo ejercicio puede tener alguna influencia sobre la producción o robustecimiento de tejidos musculares. Aunque este tipo de respuesta es muy reducido en los estudios bioquímicos medidos, las indicaciones ponen de manifiesto que se produce algún tipo de cambio bioquímico en sus músculos por el simple hecho de visualizarlos moviéndose y siendo ejercitados.

Aquí es especialmente adecuado el Paso Tres del Poder Total de la Mente, la repetición conveniente. Visualizar un ejercicio, en vez de realizarlo, lleva mucho menos tiempo. Así, la repetición aumenta el potencial del cambio. En breves segundos puede usted, por ejemplo, hacerse una imagen en la que aparece haciendo *jogging* alrededor de una pista cien veces, o levantando un peso cien veces por minuto, mientras que la realización efectiva llevaría horas. Esta idea de repetir algo muchas veces durante un período breve de tiempo es posible aplicarla a cualquier tarea, tal como aprender a tocar el piano, con la intención de mejorar el rendimiento.

Cuando redacte su visualización mental para perder o ganar peso, tenga sumo cuidado en ayudarse con las sensaciones emocionales y con los cinco sentidos principales, así como también de sus variaciones. Cuanto más creativo e imaginativo sea, tanto más se impregnará su mente de la meta deseada.

Funcionarán los tipos más descabellados de figuras, símbolos y analogías, tales como los *comics* creados por su imaginación.

Puede imaginar un enjambre de hombrecillos retirando las células sebáceas de lugares donde no las desea y arrojándolas al fuego para que ardan; o extendiendo los músculos a lo largo de sus brazos y piernas allí donde desea incrementar el poder muscular.

Las ideas poco comunes e inusitadas son, probablemente, más eficaces que las descripciones dulces, porque crean imágenes más vivas, y cuanto más vivaz es la visualización mejor funcionará todo.

Dado que no existe forma práctica de prejuzgar el número de sesiones requerido para alcanzar la meta propuesta, será necesario actuar en plan de prueba.

Como mínimo, al principio debería utilizarse el Poder Total de la Mente al menos una vez por semana. Para la mayoría de las personas, un programa eficaz y práctico es una vez al día durante la primera semana, cada dos días durante la segunda, y una vez por semana en la tercera. Partiendo de esta base, y teniendo en cuenta los resultados obtenidos, puede acomodar el ritmo de ejercicio hasta alcanzar la meta.

Una vez alcanzada ésta, tal vez necesite volver a las sesiones del Poder Total de la Mente una vez por año, o tal vez nunca. El poder de la mente para retener informaciones es inmenso, y muchas de las directrices transmitidas a la mente serán retenidas por ésta durante años y actuarán quizá durante el resto de su vida, a no ser que usted decida cambiarlas.

11

INCREMENTE SU MEMORIA CON EL PODER TOTAL DE LA MENTE

La memoria, la capacidad de absorber y retener información, es una de las necesidades para sobrevivir en nuestra sociedad. Nuestros sistemas educativos exigen retener suficiente información para superar las pruebas de los exámenes. El abrirse paso en cualquier campo de la vida presupone alguna habilidad para recordar datos rápida y detalladamente.

Con todo, la memoria ha constituido un problema para muchas personas durante milenios. La necesidad de recordar cientos de hechos o figuras es altamente frustrante para una persona que no tiene dificultad para recordar determinados tipos de información, pero carece completamente de talento para acordarse de otras. Puede suceder que una persona determinada posea una facilidad innata para recordar números, pero que sea totalmente incapaz de retener esas tres cosas que debe comprar en la tienda. Otra persona puede gozar de facilidad especial para recordar nombres con la eficiencia de una computadora y ser totalmente incapaz de recordar el número de su teléfono, las direcciones de calles o el número de la matrícula de su coche.

Tanto si padece usted pobreza general de memoria como problemas en áreas localizadas, el Poder Total de la Mente puede proporcionarle una notabilísima mejoría.

Encontré a John en un congreso médico y comenzamos a discutir nuevas cosas que se enseñaban en la facultad de medicina. El joven estudiante me confesó que estaba enormemente preocupado por la cantidad de materia dada en su clase. Al mismo tiempo, discutimos estudios que estaban realizándose sobre la memoria en diversas facultades de medicina del país.

Para ayudarse a retener todos los conocimientos que le transmitían en la facultad de medicina, John había asistido a unos cursos de memoria, pero —me confesó— la mayoría de los códigos y símbolos sugeridos como medios para mejorar la memoria eran engorrosos y casi tan difíciles como los temas médicos.

Me confesó que algunas de las técnicas empleadas —tales como asociar un nombre con una historia dramática— resultaban útiles, pero, en conjunto, se sentía defraudado. Le sugerí que continuara utilizando algunas de esas técnicas, a la vez que se ejercitaba en el Poder Total de la Mente. Me parecía que podrían ayudarle a utilizar más y mejor su mente. John se mostró de acuerdo en utilizar los métodos que yo le sugerí.

Algunos meses más tarde, después de haber empleado las técnicas del Poder Total de la Mente, me dijo que era capaz de recordar detalles cien veces mejor que en ningún otro momento de su vida; y de hacerlo con mucho menos esfuerzo. John experimentó que el Poder Total de la Mente había incrementado impresionantemente su confianza en su capacidad de salir airoso en sus estudios de medicina y que, como consecuencia de ello, estaba obteniendo calificaciones mucho más brillantes.

El ejercicio de concentrar su consciencia en el Paso Uno hará que mejore su capacidad de recordar. Cuando dirige usted su mente a recordar y revivir informaciones específicas, como es el caso del Paso Dos, desarrollará aún mayor capacidad para retener y revivir hechos. Y todo esto se logra sin trucos memorísticos, sin necesidad de códigos, símbolos u otros artificios.

Por ejemplo, para incrementar su memoria de una lengua extranjera que trata de aprender, debería crear una visualización del Paso Dos que incluyera las palabras y frases que desea aprender. Asocie estas palabras y frases nuevas con el mayor número posible de imágenes visuales y de los otros sentidos. Cuanto más auténticas sean las asociaciones, mayor colorido tendrán, más vívida será su colección de palabras.

Para ilustrarlo, tome la palabra inglesa «House». Usted puede aprender la palabra pintándola junto al equivalente español o situándola en su mente letra por letra, sin imagen alguna que la apoye. Pero si visualiza una casa con un signo encima de ella que diga h-o-u-s-e con letras muy grandes, la asociación es mucho más poderosa.

La dificultad de recordar nombres está muy extendida y ocasiona frecuentemente problemas embarazosos. El Poder Total de la Mente ofrece la siguiente solución:

Véase a usted mismo recordando el nombre claramente durante un período de varios meses (comprimidos, naturalmente, en algunos minutos). Imagínese encontrándose con la persona un año más tarde y recordando su nombre rápida y fácilmente. El dirigir su mente por este camino le dará confianza en su capacidad para recordar; como resultado, se encontrará con una memoria más retentiva.

Para recordar números —cuya asociación con imágenes visuales o sensoriales resulta difícil—, dirija su mente para que le suministre una memoria fotográfica de números. Cuando vea un número de teléfono, dirija su memoria a «fotografiar» todo el número de un vistazo en vez de memorizar cada dígito. Después de un número suficiente de repeticiones del Paso Tres, verá que este considerable nuevo poder de su mente se pondrá a trabajar. Las técnicas del Poder Total de la Mente para crear una memoria fotográfica se hacen más y más eficaces con el uso.

Recuerde que es preciso aplicar las técnicas del Poder Total de la Mente en consonancia con las necesidades individuales. No caiga en la tentación de pensar que va a recordar todo lo que suceda delante de usted por el simple hecho de estar aplicando las técnicas del Poder Total de la Mente. Pero si hay algo que usted desea recordar, puede aplicar estas técnicas y recordar mil veces mejor, en cuanto a seguridad y claridad, que si no aplicara el Poder Total de la Mente.

12
DEJE DE FUMAR APLICANDO EL PODER TOTAL DE LA MENTE

El fumar es una de las mayores plagas que afectan a la salud en la casi totalidad de países del mundo. Muchas personas desean abandonar ese vicio, pero les resulta casi imposible.

La mayor parte de los fumadores han intentado muchos y diferentes caminos para superar el hábito —análisis, pastillas, terapias de grupo—. Unicamente unos pocos son capaces de lograr abandonar ese hábito.

La razón más importante del porqué de la dificultad de dejar de fumar radica en que no se trata simplemente de un hábito, sino de una forma de adicción a la droga, y el autoanálisis jamás podrá solucionar tales problemas.

El Poder Total de la Mente puede ser una forma extremadamente eficaz para poner fin al hábito de fumar; y terminar de una vez por todas.

Comience aplicando el Paso Uno a concentrar su conciencia y pase a continuación al Paso Dos. La visualización del Paso Dos debería contener directrices tales como las siguientes:

1. Véase habiendo puesto fin a la costumbre de fumar y sintiéndose extraordinariamente gozoso por haber sido capaz de lograrlo.
2. Visualice situaciones en que ha rehusado cigarrillos que le ofrecían o evitado comprar cigarrillos que en ocasiones ordinarias habría comprado.
3. Visualícese sintiéndose mejor de lo que se ha sentido desde hace años; sensación que le proviene de haber dejado de fumar.

Construya sus visualizaciones en forma de historia en la que no tiene dificultades para superar todas las tentaciones, en la que se siente profundamente satisfecho por encontrarse mejor; al no verse falto de respiración ni sentir una odiosa sensación de gusto desagradable en la boca después de fumar.

Utilice la imaginería al máximo, en todas las formas que le sea posible. Saboree la sensación de confianza de que puede continuar evitando los cigarrillos durante todo el tiempo que lo desee.

El éxito del Poder Total de la Mente en la ayuda a romper la costumbre de fumar radica, al igual que su éxito en cualquier otra área, en que está cortado a su medida y tiene en cuenta lo que le diferencia a usted del resto de las personas.

La visualización siguiente para romper la costumbre de fumar puede ser utilizada tal como aparece aquí; o también modificarse de la forma que parezca más conveniente para hacer frente a sus necesidades específicas.

Dibuje, en una pantalla imaginaria de su mente, una imagen de sus pulmones rebosantes de salud, tal como se encontraban en su niñez.

Puede ver sus pulmones libres completamente de depósitos de carbón, y desea que éstos recobren ese estado saludable, abandonando la situación en que se encuentran ahora.

Puede sentir cómo sus pulmones se ensanchan y contraen comprobando que son sumamente eficientes en su capacidad de llevar oxígeno a su sistema.

* * *

Se ve como un niño corriendo por un campo, y puede escuchar que su respiración es totalmente natural, completamente desahogada.

Está ahora encantado por la situación en que se encuentran sus pulmones y por su estupenda forma física.

Desarrolla también un incontenible deseo de retornar a esa condición; así se sentirá con más salud y más capaz de respirar con mayor facilidad.

A continuación, visualice la situación actual de sus pulmones. Los ve totalmente negros.

Puede ver partículas de carbón y manchas que cubren los tejidos.

Muchos de los pasos del aire están atascados por estos depósitos de material negro, y ha sido dañada la capacidad y elasticidad de los pulmones para moverse con libertad.

Se ve corriendo en un campo y nota que se ahoga.

Tiene que tumbarse en el suelo para recobrar el aliento.

Y eso que no ha recorrido sino una corta distancia.

Precisamente cuando está tumbado en el suelo es cuando decide que le gustaría cambiar la condición de sus pulmones.

Sabe perfectamente que el fumar es una de las causas de la situación en que se encuentra.

Sabe, además, que el humo, al pasar por la nariz, por la boca y garganta, puede ocasionar serios problemas de salud, tales como el cáncer.

Reflexiona en todo esto y desarrolla un sentimiento de urgencia en cuanto a la imperiosa necesidad de poner fin al uso de cigarrillos.

Decide aplicar las técnicas del Poder Total de la Mente con la frecuencia necesaria para controlar el hábito de fumar.

Piensa en el mal gusto que el tabaco deja en su boca, una pérdida del sentido del gusto, y un drecrecimiento de la capacidad para apreciar el sabor de los alimentos.

Vuelve a recordar su infancia, cuando los alimentos tenían un sabor tan delicioso, y siente el fuerte deseo de hacer que esos placeres revivan en su vida.

Ve ahora que alguien le ofrece un cigarrillo, y se ve rehusando la invitación.

Esto provoca en usted un sentimiento de autoconfianza acerca de su vida, de manera que decide continuar rechazando los cigarrillos que le sean ofrecidos.

Siempre que ansíe un cigarrillo, puede reemplazar ese deseo mascando un trozo de chicle.

Decide que es preferible mantener la boca fresca y limpia que polucionarla con el peligroso humo del tabaco.

Imagine ahora células sanguíneas especiales circulando por todos los vasos sanguíneos del tejido pulmonar, y vea cómo estas células especiales atacan y disuelven los negros depósitos de sus pulmones.

Ve productos químicos especiales viajando a través de sus vasos sanguíneos.

Se disuelven en el tejido pulmonar para dar mayor capacidad y elasticidad al tejido.

Esto hace que los pulmones funcionen con mayor perfección.

Dirige también su mente para que envíe otros productos químicos especiales que se asemejan a hormonas rejuvenecedoras.

Estos productos químicos especiales ayudan a producir nuevas células pulmonares que se encuentran rebosantes de vida.

Todos estos pensamientos se agolpan en su mente cuando se ve tumbado sobre el suelo, con la respiración ahogada a causa del hábito de fumar. Entonces decide de manera definitiva producir esos cambios en su vida mediante la utilización del Poder Total de la Mente.

Ahora se ve en un momento en que ha abandonado por completo su hábito de fumar.

Y percibe cómo le resulta mucho más fácil el respirar.

Usted aprecia ahora los alimentos porque ha mejorado su sentido del gusto.

Puede oler bellos aromas que anteriormente no podía apreciar cuando fumaba.

Se ve oliendo rosas preciosas y percibe cómo su rostro se vuelve sonriente al comprobar que aprecia completamente la fragancia de las rosas.

Le invade un sentimiento de gozo cuando comprende que estos gustos y olores son más importantes para usted de lo que jamás lo fue el fumar.

Se visualiza caminando por una senda que le conduce a lo alto de la colina y se sorprende de no tener problemas respiratorios, sensación constante cuando fumaba.

Recorrido todo el camino, llega a un café que hay en la montaña.
Entra usted en él y conversa con algunos de sus buenos amigos que están comiendo allí.
Uno de ellos le da su enhorabuena por haber dejado de fumar.
Usted siente gran satisfacción.
Sus amigos comentan que lo encuentran mucho menos nervioso que antes; que parece más relajado.
Sus amigos parecen realmente impactados por el profundo cambio producido en su vida.
Se siente tocado por el interés que demuestran sus amigos y por la preocupación que sienten por usted.
Decide entonces dejar de fumar para el resto de su vida.

Deberían emplearse directrices específicas para restaurar la condición de sus pulmones cuando surjan serios problemas pulmonares, tales como el enfisema o el cáncer.

Permítame que vuelva a subrayar que no se requiere la fuerza de voluntad, la concentración o el esfuerzo. Las técnicas del Poder Total de la Mente son fáciles, agradables y eficaces.

13

DETENER EL DOLOR FISICO CON EL PODER TOTAL DE LA MENTE

Existen cientos de teorías plausibles para explicar las causas del dolor, y se cuentan por miles las técnicas para aliviarlo. Pero la mayoría de ellas requieren prescripción y supervisión médica, y muchas precisan de hospitalización. En consecuencia, la persona que se encuentra lejos del médico o del hospital dispone de pocas opciones para encontrar un remedio. No le queda sino sufrir y soportar el sufrimiento lo mejor que pueda.

La creencia actual es que, de modos muy complejos, las sensaciones dolorosas atraviesan un camino de nervios desde el cerebro a otras partes del cuerpo. Algunas teorías sostienen que el dolor es una respuesta aprendida.

Es cierto que la mente influye considerablemente sobre las respuestas dolorosas, incluso en quienes no tratan conscientemente de controlar el dolor. Los hechiceros de determinadas culturas utilizan estados de trance; e incluso médicos de los tiempos antiguos usaban estados similares al de trance u otros métodos de distracción para ayudar a controlar el dolor. La historia nos demuestra que la capacidad de la mente para controlar el sufrimiento físico fue aceptada hace miles de años. Tal vez usted mismo haya tenido la experiencia de no darse cuenta del dolor mientras estaba concentrado profundamente —tal vez entregado totalmente a la tarea de salvar a una persona del fuego, teniendo conciencia del dolor sólo después del rescate—, porque su mente se hallaba totalmente centrada en la tarea que estaba realizando.

El Poder Total de la Mente es altamente eficaz para controlar el dolor físico. No exige medicación ni prescripciones médicas, ni siquiera la presencia de otra persona. Usted puede aplicar el Poder Total de la Mente allí donde se encuentre, bajo cualquier circunstancia.

Una joven señora vino a mi consultorio con un gran tumor de piel en la espalda. Tenía toda la apariencia de ser maligno. Los temores se vieron confirmados sustancialmente por la prueba de laboratorio, y fue preciso extirparlo definitivamente. Cuando expliqué la situación a la paciente, ésta se puso histérica y se negaba a ponerse en tratamiento porque tenía miedo al sufrimiento. Lo había pasado francamente mal en algunas visitas al dentista y se había hecho extremadamente sensible a tales procedimientos.

Dado que el problema era serio y la intervención quirúrgica parecía inevitable, di algunas instrucciones a la joven señora para que utilizara diariamente las técnicas del Poder Total de la Mente durante cinco minutos, durante una semana y antes de acostarse. Con ello pretendía prepararla, al cabo de una semana, a una operación quirúrgica sin dolor.

Ella no estaba plenamente convencida de que las técnicas pudieran ayudarla, pero dado el problema con que se enfrentaba, se mostró de acuerdo en actuar como yo se lo pedí. Una semana más tarde vino a mi departamento para someterse a la operación quirúrgica; venía tranquila y dispuesta a aceptar el hecho de la operación a realizar. De hecho, se sentía tan confiada que no creía en la necesidad de la anestesia, ni siquiera de la local.

Costó muy poco extirpar el tumor de la piel; no utilizamos un cuarto de la anestesia local empleada normalmente. La paciente se recuperó rápida y completamente.

La mayoría de las personas que acuden a la consulta de un médico son totalmente ignorantes de las posibilidades que se esconden en su mente. No saben que pueden cambiar las respuestas del dolor y, en muchas situaciones, bloquear todo sufrimiento, sea cual fuere la naturaleza del procedimiento a emplear.

Es casi seguro que las visualizaciones mentales del Paso Dos que usted redacte para detener el dolor físico sean incorrectas desde un punto de vista médico o anatómico, pero esto no tiene importancia alguna mientras posean un sentido para usted, haciendo así posible que provean a su mente direcciones gráficas que ella pueda entender y utilizar para cortar el sufrimiento físico de cualquier parte de su cuerpo.

Si estuviera aquejado de un tumor en su mano derecha, y éste fuera extirpado, usted podría visualizar los nervios, semejantes a cables, que van desde la mano; estos cables se asemejan a filamentos eléctricos o de teléfono.

Ve usted que los filamentos forman un ovillo a lo largo de su brazo, alrededor de su espalda y nuca. A medida que se acercan al cerebro, van haciéndose notablemente más delgados, capacitando la transmisión de mayor información. Esto representa los nervios por los que está usted preocupado. En su parte más fina, justamente antes de entrar en el cerebro, pasan por una caja de conexiones equipada con una palanca para conectar y desconectar. La posición «desconectada» impide que cualquier señal pase a través del filamento, de igual manera que si se tratara de un interruptor de la corriente eléctrica. Esta es la base de la visualización del Paso Dos que usted preparará para aliviar el dolor de la operación.

La visualización mental debería describir con todo detalle todos los filamentos similares a nervios, su color, tamaño, el camino exacto que siguen. Debería describir también los intrincados detalles de la caja de conexiones. Cada remache y terminal debería ser claramente visible al ojo de su mente; de igual manera, el funcionamiento del interruptor, que en la posición de «desconectado» suprime totalmente la transmisión de impulsos a lo largo de los filamentos. Debería incluso pintarse la temperatura alrededor de los filamentos. Utilice todos sus sentidos para reforzar las impresiones.

Algunos días antes del señalado para practicar la operación del tumor, coloque a voluntad la palanca en la posición de conectado-desconectado tantas veces como quiera. A medida que continúa las repeticiones (Paso Tres), comenzará un incremento del aterimiento en su mano cada vez que pone el interruptor en «desconectado». Justamente antes de la operación quirúrgica, ponga el interruptor en «desconectado» y déjelo en esta posición.

Este mismo concepto de nervio y de interruptor puede servir para controlar el dolor físico en conjunción con las visualizaciones designadas a tratar este determinado mal que ocasiona sufrimiento físico. De esta manera, están entretejidas dos o tres visualizaciones del Paso Dos.

Usted puede, por ejemplo, incorporar a la visualización que trata de la artritis la técnica de cerrar el conmutador para expulsar el impulso de dolor de la articulación afectada; además, incorporar directrices a la mente para que ésta envíe los luchadores anticuerpos especiales del cerebro, a través de las áreas afectadas, para luchar contra la inflamación.

No importa que los conceptos sean correctos médicamente. Lo importante es que su mente se halle dirigida hacia la conquista del resultado final apetecido. Si está en tratamiento, trate de obtener la mayor información posible de su médico y añádala a la visualización. De esta manera, su mente y el tratamiento trabajarán de manera conjunta.

Como puede usted apreciar, las aplicaciones del Poder Total

de la Mente son ilimitadas. Todos nosotros necesitamos, en algún momento de nuestra vida, hallar una técnica para luchar contra el sufrimiento, contra la enfermedad, contra el miedo, o cualquier otra dificultad. Sea cual fuere su problema, puede aplicar el Poder Total de la Mente, y le producirá un efecto saludable. Toda persona puede utilizar el Poder Total de la Mente. No importa que el problema sea sencillo o complejo.

14

COMO MEJORAR LOS RESULTADOS DEPORTIVOS CON EL PODER TOTAL DE LA MENTE

El fenómeno de la «asfixia bajo presión» es bien conocido por los atletas, tanto profesionales como *amateurs.* La devolución de un servicio, tanto si es por un premio de 50.000 dólares como por una cerveza, puede ser vital, y el conocimiento de esta situación quizá ponga en tensión al jugador hasta hacerle fallar el golpe.

El factor psicológico puede jugar un papel tan importante en los rendimientos deportivos como la destreza, y ser el determinante final de la victoria o la derrota.

El Poder Total de la Mente aplicado al rendimiento en los deportes ayuda en ambas áreas, mejorando su capacidad para superar los problemas psicológicos y capacitando también para mejorar la destreza. Una importantísima revista deportiva informaba recientemente que un determinado jugador de golf que está siempre entre los colocados en los primeros puestos de los torneos utiliza la visualización para asegurar la perfección de sus golpes. Fotografía en su mente la trayectoria de la pelota. Fotografía también los colores de la bandera y del asta del banderín. Y utiliza cualquier otro procedimiento sensorial para lograr resultados positivos.

Su rendimiento personal puede mejorar de manera similar; tal vez en el tenis, deporte que se ha popularizado rápidamente, tanto como deporte de una persona como de toda la familia. El incrementar su habilidad en el juego mediante el Poder Total de la Mente depende de que dirija su mente a realizar los determinados golpes de tenis que necesitan ser mejorados de la manera exactamente correcta. Visualícese ejecutándolos como debería hacerlo.

Si tiene dificultades con un golpe en concreto, desarrolle una visualización incorporando cada detalle de este golpe tal como debe ser ejecutado correctamente. Puede obtener la información por medio de lecciones recibidas de un profesional o sirviéndose de uno de los muchos libros sobre cómo jugar al tenis. Si se trata de la práctica, incorpore las direcciones paso-a-paso en la anotación de su Paso Dos. Puede repetir algunas veces las mecánicas del golpe, poniendo especial cuidado cada vez en un aspecto diferente del mismo.

Incluya el mayor número posible de experiencias sensoriales. Como añadidura a la descripción del golpe perfecto, incluya una visualización de sí mismo golpeando la pelota adecuadamente, la pelota cruzando por encima de la red y botando en el lugar preciso de la pista. Escuche el sonido de la pelota golpeada por su raqueta. Describa sus sentimientos de satisfacción al alcanzar un golpe preciso. Podría, incluso, visualizarse tomando parte en un torneo importante, realizando toda clase de golpes y levantando al público de sus asientos. Piense en el olor de la pista recalentada por el sol y en todos los detalles sensoriales capaces de vigorizar el impacto.

Muchas personas tienen mayores dificultades con el revés que con el derecho, aunque anatómicamente esto es ilógico, ya que el revés es actualmente un golpe más sencillo que el derecho. La visualización que presentamos a continuación debería ayudarle a desarrollar un revés más poderoso. Utilice esta visualización después de haber empleado la del Paso Uno para concentrar la consciencia.

Esta visualización es para personas no zurdas. Cuando se trata de estas últimas, donde dice derecha debe decir izquierda, y viceversa.

Véase a sí mismo contemplando la pelota de tenis que se aproxima hacia la parte de su revés.

Cuando cruza la red, represéntese llevando la raqueta hacia atrás con su cabeza, doblándose hacia debajo de su talle.

Ahora ve su pie derecho pasando por encima y apuntando hacia la parte izquierda de la pista.

Ahora siente que el peso de todo su cuerpo se carga sobre su pie derecho, cuando hace contacto con la parte externa de la pelota. Su golpe se mueve suavemente hacia delante.

Ve su raqueta encontrando la pelota frente a usted, justo antes de alcanzar su cadera.

Se ve mirando la pelota intensamente.

Puede verla incluso caer a las mallas de la raqueta, comprimirse y retornar hacia el vértice de la red cuando completa el golpe.

Siente que la cabeza de la raqueta se mueve alrededor de su cuerpo y se detiene a su lado derecho.

Cuando la raqueta entra en contacto con la pelota, visualice los músculos de su antebrazo.

Los músculos de su muñeca y los dedos sostienen la raqueta firmemente y perpendicular a la superficie de la pista.

Ve ahora que la pelota se desplaza al punto preciso que había elegido en la parte de la pista correspondiente a su oponente.

Siente una ola de excitación y de gozo por esa jugada impresionante.

La pelota es devuelta una y otra vez por su contrario al revés de usted.

Y usted se ve devolviendo la pelota perfectamente en las sucesivas ocasiones.

Va siempre al punto preciso que eligió.

No se produce el más mínimo fallo.

Cada vez que golpea la pelota, ve con todo detalle todos y cada uno de los movimientos que realiza, y las jugadas confluyen para crear una imagen viva de su perfecto golpe de revés.

Ahora visualiza a un jugador profesional de tenis al que ha visto usted jugar.

Ve cómo este jugador logra un perfecto golpe de revés, y usted imagina ser ese jugador, compitiendo en un torneo importante.

Usted imagina ser el último punto crucial del *match,* con un golpe de revés que ejecuta a la perfección.

Escucha los aplausos de la muchedumbre asistente y se siente totalmente feliz y contento por la alabanza y admiración que le tributan.

Ahora se ve asestando el mismo golpe perfecto un millar de veces durante los minutos siguientes.

Observa y percibe cada uno de los detalles más bellos del golpe.

Escucha el sonido gratificante de la pelota cuando es golpeada por la raqueta en el punto central de la malla.

Siente que sus pies se mueven por la pista con absoluta precisión, capacitándole para llegar a la pelota en el momento preciso en que debe ser golpeada.

Siente el silbido de la pelota y percibe el movimiento del aire en torno suyo cuando completa su *swing* perfecto.

Se siente totalmente embriagado de gozo cuando devuelve pelota tras pelota con su impecable golpe de revés.

Se ve en un partido de tenis fuertemente disputado y su contrario se empeña en enviar duros golpes a su revés.

Cada vez que la pelota llega hasta usted, después de pasar por encima de la red, se dice a sí mismo que hará una perfecta devolución de revés.

Se siente y escucha repitiéndose esto cientos de veces en algunos cortísimos momentos cuando el partido va finalizando.

Finalmente, realiza el último golpe del partido con un perfecto revés, y siente una seguridad y poder en el juego que le produce una enorme satisfacción y placer.

Se ve recompensado por los resultados obtenidos por su juego, y ve a la gente levantarse de sus asientos para felicitarle.

Desarrolla un gran orgullo y seguridad en su juego, y se siente entusiasmado al saber que puede aplicar las técnicas del Poder Total de la Mente para mejorar los restantes golpes.

15

COMO UTILIZAR EL PODER TOTAL DE LA MENTE PARA MEJORAR LA SALUD

Cuando se aplica el Poder Total de la Mente a un problema específico, no se limita a resolver el problema, sino que aporta la bonificación de un sentimiento general de salud y bienestar mejorados. Puede incrementarse este sentimiento dirigiendo la mente a mejorar en estas áreas, aunque usted no tenga problemas concretos de salud o de otro tipo que requieran cuidados especiales.

Un reciente informe de una investigación realizada por el doctor Gary E. Schwartz, profesor asistente de psicología de la personalidad en la universidad de Harvard, afirma:

«Mediante el entrenamiento de sujetos para que controlen voluntariamente combinaciones de las respuestas viscerales, neurales y motrices, es posible establecer conexiones entre las respuestas fisiológicas y su relación con la consciencia humana.»

La literatura científica mundial ha publicado posiciones similares respecto a la capacidad de la mente humana para influir en las funciones corporales. La esencia del Poder Total de la Mente deriva de la investigación que permite a los individuos beneficiarse de los estudios científicos publicados.

La visualización mental paradigmática que presentamos a continuación pretende servir a este objetivo, incrementando así el placer de la vida diaria. Su utilización puede frenar el proceso de envejecimiento y mantener alejadas determinadas enfermedades.

Visualícese lleno de juventud y de vigor, tal como querría estar.

Continúe enfocando esta imagen en su mente cuando dirige su consciencia a su salud.

Sentirá una nueva energía y vitalidad en su vida mediante la utilización del Poder Total de la Mente.

Se estabilizará su sistema nervioso, y sentirá una ansiedad incomparablemente menor que antes.

Todos los sistemas de su cuerpo comenzarán a funcionar a niveles más altos cuando dirija su mente a mejorar la salud.

La totalidad del metabolismo se armonizará mejor con sus necesidades.

Su sistema digestivo utilizará los alimentos que ingiere.

Limitará el consumo de alimentos justo a las cantidades que necesita para su nutrición adecuada.

Deseará únicamente los alimentos que son buenos para usted.

Al desarrollar una visión más relajada y menos ansiosa de la vida y del entorno que le circunda, caerá en la cuenta de que dispone de más tiempo para comer y para digerir los alimentos adecuadamente.

En adelante, su metabolismo será más natural y se ajustará a su estado relajado.

Al mejorar su metabolismo, desarrollará una velocidad de

corazón más natural y su ritmo respiratorio se hará también más natural, al incrementarse el oxígeno como consecuencia de un mejor funcionamiento de los pulmones.

Todo su sistema nervioso funcionará con mayor eficacia. Su sistema nervioso automático (conocido técnicamente como el sistema nervioso autonómico), que controla la velocidad de su corazón y otras muchas funciones vitales sin que usted tenga conciencia expresa de ello, trabajará de manera más natural y saludable.

Esta mejoría en su sistema nervioso favorecerá enormemente su digestión y sus funciones renales, controladas en gran medida por su sistema nervioso autonómico.

El abastecimiento de sangre a los órganos vitales, tales como el hígado, el bazo y el páncreas, los nutrirá con mayor eficacia.

Todos los ingredientes químicos de su cuerpo estarán más equilibrados. Y los cambios fisiológicos de su cuerpo se realizarán de manera más natural.

Sus ondas cerebrales se harán más y más naturales, poniendo de manifiesto una naturaleza más pacífica y reposada.

Como consecuencia de este equilibrio de sus ondas cerebrales, dormirá más profundamente y tendrá sueños mucho más hermosos.

El mejor equilibrio de su sistema bioquímico y metabólico incrementará su resistencia general a las enfermedades e infecciones.

Debido a la estabilidad de su sistema nervioso, su presión sanguínea permanecerá normal, y estará entonces en condiciones de mantener su peso óptimo más fácilmente.

Mejorará el tono muscular y notará que tiene más energía y vigor para llevar a cabo las tareas diarias.

Mejora su capacidad para tolerar el calor y el frío extremos, porque usted es capaz de controlar la afluencia de la sangre a su piel con mayor eficacia.
La textura y apariencia de su piel adquiere una nueva vida.
Cae en la cuenta de que su pelo adquiere un nuevo cuerpo y brillo.
Mejora la rapidez de sus reflejos y gana en capacidad de centrar su vista más rápidamente.

* * *

Usted dirige su mente a mejorar estas áreas cuando utiliza el Poder Total de la Mente para cambiar y controlar su vida.

Sus funciones mentales mejorarán también como consecuencia de esta aplicación particular del Poder Total de la Mente. Se cree que las funciones bioquímicas y metabólicas están relacionadas con el rendimiento intelectual y mental. En consecuencia, cuando una mejora, se producirá también un perfeccionamiento en las áreas restantes. El incremento del sentimiento de bienestar contribuye también a agudizar la capacidad mental.

Mediante la aplicación del Poder Total de la Mente, mejorará de manera notabilísima cada una de las facetas de su vida. Y ello sin esfuerzo ni tensiones. Se encontrará con que obtiene mejores resultados en el deporte. Comprobará que duerme más profundamente, que ve la vida de forma distinta, que mantiene unas relaciones sociales más satisfactorias y que siente mayores ganas de vivir.

16
REDUCIR LA PRESION SANGUINEA CON EL PODER TOTAL DE LA MENTE

La hipertensión es responsable de muchas muertes cada año, de apoplejías y de ataques al corazón. Muchos de los remedios farmacéuticos pensados para controlar la presión sanguínea alta comportan peligros en sí mismos y tienen efectos secundarios que resultan desagradables a los pacientes. En consecuencia, cuando es preciso observar una medicación prolongada, no se toma durante mucho tiempo.

El Poder Total de la Mente puede influir de manera decisiva en la lucha contra la hipertensión y sobre la cantidad y tipos de la medicación. En casos concretos, puede llegar a suprimir la necesidad de tomar medicinas.

Investigaciones realizadas por científicos tan distinguidos como el doctor Donald A. Kristt, en la facultad de medicina de la universidad John Hopkins, indican que la mente puede ser dirigida a la reducción de la presión sanguínea.

En un artículo en que da cuenta de su investigación, el doctor Kristt afirma: «Los resultados de este estudio confirman y amplían sustancialmente los hallazgos... de que los pacientes con hipertensión pueden aprender a bajar su presión sanguínea sistólica mientras están en el laboratorio.» Además, los hallazgos del doctor Kristt demuestran que la eficacia de las habilidades aprendidas en el laboratorio pueden tener influencia en la presión de la sangre al menos durante tres meses.

En este capítulo presentamos las técnicas del Poder Total de la Mente que pueden ayudarle a controlar la hipertensión.

Esto no significa que la persona que padezca tales trastornos no tiene por qué recibir cuidados médicos, pues el Poder Total de la Mente es posible emplearlo conjuntamente con cualquier tipo de tratamiento prescrito. Igualmente, pueden utilizarlo las personas que se hallen bajo una medicación, después de haber superado la crisis. Esta posibilidad de utilización conjunta se basa en los efectos secundarios. De todo ello deducimos que debería utilizarse el Poder Total de la Mente con la mayor frecuencia posible para reducir la presión sanguínea.

Me viene a la memoria el caso de Harry, un hombre de mediana edad, aparentemente sano, que vino a mi consulta por un problema que requería un tipo de medicación que producía efectos secundarios, entre ellos la elevación de la presión de la sangre durante un período breve.

Pregunté a Harry si había sufrido alguna vez de hipertensión, y me respondió que así había sido durante algunos años, pero que jamás se sintió capaz de tomar la medicación para controlarla. ¿Por qué Harry no había sido capaz de tomar la medicina? Decía que le hacía sentirse de una manera «peculiar», e incluso impotente.

Desde un punto de vista médico, podía darme cuenta de los impedimentos de Harry para tomar las medicinas, pero al mismo tiempo era consciente del peligro que corría al no tratar aquella hipertensión. Efectivamente, se encontraba bajo la amenaza de cualquier «susto» producido por esta dolencia.

Aunque al principio parecía totalmente escéptico, después de explicarle las investigaciones realizadas en la utilización de la mente para controlar la presión de la sangre, Harry se mostró de acuerdo en aprender las técnicas del Poder Total de la Mente y en aplicarlas a su problema. Después de todo, si se negaba a tomar medicamentos que, según confesó, le hacían sentirse «peculiar», nada tenía que perder y mucho que ganar en su lucha contra la hipertensión.

Mediante la utilización del Poder Total de la Mente durante algunas semanas, logró bajar su presión sanguínea hasta tasas normales y fue capaz de mantener una presión sanguínea normal con la utilización posterior intermitente del Poder Total de la Mente.

¿Es fácil medir los resultados de la utilización del Poder Total de la Mente? Sí. Cualquier médico, e incluso una persona adecuadamente instruida en su casa, puede determinar en breves momentos la presión sanguínea. Usted inspecciona sus progresos, y según responda su presión sanguínea, aumenta o disminuye la frecuencia de la aplicación del Poder Total de la mente. Puesto que cada persona es diferente, es importante que usted aplique el Poder Total de la Mente para sí mismo, de acuerdo con sus propias necesidades y personalidad.

La visualización mental del Paso Dos, que escribirá usted para controlar la presión sanguínea, podría incluir los siguientes puntos:

Visualice los conductos sanguíneos de su cuerpo que van a parar a una bomba, representación de su corazón.

Los vasos sanguíneos que ve están al principio extremadamente estrechos y tenues.

La bomba trabaja con una dureza desacostumbrada para hacer que la sangre pase a través de ellos, y por tanto su presión es muy alta; en el manómetro alcanza la zona roja.

Dirige usted su mente a relajar los angostos vasos sanguíneos. Ve en seguida que se relajan y se abren.

Su tamaño crece a simple vista, la sangre corre a través de ellos y la aguja de la presión desciende de la zona peligrosa al área verde de seguridad.

Describa todo esto de la manera más detallada y precisa, introduciendo el mayor número posible de detalles sensoriales.

Si está sometido a tratamiento, pregunte al médico el mayor número de detalles posible acerca de las causas y mecanismos. Cuanto mayor sea el número de detalles, la utilización tendrá más repercusión, se acelerará la mejoría y llegará, tal vez, incluso a eliminar la causa básica o, al menos, a reforzar su tratamiento.

Con todo, aunque se sabe muy poco acerca de las causas o mecanismos de la situación en que se encuentra, y si no tiene la posibilidad de acudir al médico en un momento dado, puede ayudarle el Poder Total de la Mente. Configure su visualización de la manera que le parezca más útil. Cree *comics* si es ésta la mejor forma de impresionar su mente en este momento.

Esté donde esté, puede utilizar el Poder Total de la Mente. Si no tiene un magnetófono, lea su visualización mental en voz alta. Y recuerde que haciendo esto justamente antes de ir a dormir, se incrementan las posibilidades del método.

17

COMO MEJORAR LA VISION OCULAR CON EL PODER TOTAL DE LA MENTE

Aunque las personas han padecido problemas oculares desde el comienzo de la historia, muchos de los mecanismos causantes de una visión pobre nos son desconocidos y algunos de sus problemas están aún por definir.

Sabemos que algunas de las dificultades visuales provienen de la distorsión del globo ocular y del cristalino. Sabemos también que los músculos que rodean el globo ocular ejercen una influencia en el perfil. En algunos casos, los ejercicios para vigorizar y controlar los músculos del ojo han mejorado la visión de las personas miopes o hipermétropes.

La presión interna del globo ocular afecta a la visión; la edad la altera; el astigmatismo —configuración no común del globo ocular— causa distorsión. La presión sanguínea alta y otras enfermedades afectan a la vista.

Con todo, la aplicación del Poder Total de la Mente a mejorar la visión no requiere que usted conozca las causas del problema ni cómo trabaja el ojo. En la medida en que sea capaz de visualizar algo inteligible para usted, estará en condiciones de dirigir su mente a mejorar la situación.

Por ejemplo, puede imaginar que su cristalino está controlado por un tornillo de banco ordinario. Cuando usted aprieta o suelta el tornillo de banco, el cristalino se hace más grueso o delgado. Su mente conocerá lo que esto simboliza y se pondrá a trabajar en el problema. No es necesario conocimiento técnico alguno.

Con todo, será útil, especialmente si le está tratando un oftalmólogo, recabar de él la mayor cantidad posible de información. Ello le brindará la oportunidad de crear una visualización mejor que le ayudará a tomar parte en la terapia del oftalmólogo.

El conocimiento de la capacidad de la mente para controlar la miopía o la hipermetropía, o cualquier otro problema de salud, es incompleto, pero todo indica que la mente posee una enorme influencia sobre nuestras funciones corporales. Este capítulo, al igual que todos los restantes, pretende ofrecerle una pauta para guiarle en la utilización de su mente de manera más completa que antes. Con ello pretendemos ayudarle a mejorar su salud y su vida.

La visualización siguiente del Paso Dos puede ser utilizada tal como está aquí, o también servir de modelo para crear otra que se adecue más específicamente a su dificultad individual.

Dibuje en su mente un diagrama de sus ojos.

Ve que los cristalinos realizan la tarea de enfocar los objetos que usted mira.

Los cristalinos pueden ser ajustados automáticamente por su mente.

Enfocan las imágenes en la parte trasera del ojo, al igual que los cristales de aumento.

Usted sabe que si las lentes tienen algún desarreglo, las imágenes aparecerán desenfocadas.

Imagine músculos especiales alrededor de los cristalinos

que, cuando son contraídos o relajados, cambian la densidad de los cristalinos y, en consecuencia, el enfoque de los objetos que mira.

Si es miope, dirija su mente a apretar los músculos alrededor de los cristalinos de sus ojos con el fin de hacer menos densos los cristalinos.

Entonces vería usted los objetos distantes con mayor claridad.

Si es hipermétrope, ve que los músculos alrededor de los cristalinos se relajan para hacer los cristalinos más tenues.

De esa manera, logra un enfoque de los objetos casi perfecto.

* * *

Si sus ojos están formados de manera incorrecta, las imágenes que enfoquen sus cristalinos serán distintas.

Usted dirige su mente a contraer o relajar los músculos unidos a sus ojos con el fin de dar a éstos la forma correcta.

Si tiene cataratas (nebulosidad en los cristalinos de los ojos), dirija su mente para que envíe materiales químicos especiales, por medio de la corriente sanguínea, a sus ojos.

Estos productos químicos se disuelven en los cristalinos de sus ojos y eliminan las partículas en los mismos.

A medida que mejora su visión, usted desarrolla un sentimiento de alivio al saber que es capaz de ver mejor que antes.

Entonces decide utilizar las técnicas del Poder Total de la Mente con la frecuencia necesaria para mantener la mejoría de la visión.

Imagine los nervios que van a la parte trasera de los ojos y conectan con su cerebro.

Esos nervios recogen señales provenientes de los objetos que mira.

Dirija su mente a lograr que esos nervios recojan las imágenes enfocadas de su cristalino con la mayor nitidez posible.

Si son otras las dolencias que afectan a sus ojos, dirija su mente para que ésta envíe productos químicos por medio de la corriente sanguínea a sus ojos para hacer desaparecer esas dolencias.

Ahora se ve sometido a una prueba de control de sus ojos y escucha al oculista comentar la mejoría producida en su visión.

Usted se siente alborozado al saber que su mente puede controlar y cambiar sus problemas visuales.

Visualice ahora un estadio en el que está teniendo lugar un deporte concreto.

Se ve sentado entre los espectadores contemplando el juego.

O imagínese que se encuentra en un teatro, asistiendo a la representación de una comedia.

Durante los entreactos, un actor sostiene un signo que muestra el título del acto siguiente.

Al principio, la impresión de los signos parece estar desenfocada, pero usted dirige su mente a controlar los músculos oculares para que le capten lo impreso con mayor limpieza focal.

* * *

Durante la representación, comienza a distinguir a los actores con mayor claridad que antes y puede visualizar cada detalle de lo que está ocurriendo en el escenario.

Ajusta entonces su visión ocular para recoger todos los detalles de la representación teatral, y se hace cada vez más experto en enfocar rápidamente sus ojos.

Disfruta de los resultados y desarrolla una confianza total en su capacidad para ajustar su visión a cualquier situación que se presente.

Vuelve de nuevo a la consulta de su oftalmólogo, y éste le somete a una prueba de visión.

Allá lejos, en el fondo de la sala, hay un tablero con señales para comprobar la visión, y usted se imagina leyendo las letras.

Siente que, cuando llega a una letra que no puede leer con claridad, ajusta el foco de sus ojos para que le ofrezca la letra con mayor claridad.

Hace esto simplemente pensando en los músculos que controlan los ojos. Se siente plenamente satisfecho de usted mismo porque es capaz de ver fácilmente las letras que anteriormente le aparecían borrosas.

Se ve en una librería que exhibe cientos de *posters* sobre libros actuales.

Cuando mira los *posters,* cae en la cuenta de que es capaz de enfocar sus ojos con precisión sobre lo escrito.

Incluso letras más diminutas que las que suelen ocasionarle problemas aparecen enfocadas con toda agudeza.

Algunos de los *posters* tienen imágenes de personas y de animales, y es capaz de enfocar esas imágenes con mayor claridad que antes.

Puede sentir cómo los músculos de sus ojos controlan la forma del globo ocular y los contornos de sus cristalinos.

Escucha su propia voz felicitándose por la capacidad de controlar su visión con tanta eficacia.

Ahora ve una imagen de sus ojos, en forma de *comics*. Puede verlos como cámaras de cine, con vestidos, con cristalinos y ruedas, o de cualquier otra forma que le resulte confortable.

Sea cual fuere la situación de su ojo, dirige su mente para que emita tipos de cartones animados que son oculistas en miniatura.

Estos oculistas en miniatura trabajan en las áreas de sus ojos que le ocasionan problemas.

Si tiene nubosidad en el fluido interior de sus ojos, ve a estos doctores traer unos contenedores especiales para recoger todo el material nuboso suspendido en el fluido.

* * *

Si tiene problemas con la formación de su ojo o de su cristalino, ve a los doctores utilizando unos instrumentos especiales para dar forma y corregir las irregularidades.

Cuando han solucionado el problema, añaden un fresco fluido ocular y su visión mejora de manera indescriptible.

Puede imaginar a los doctores reparando los nervios y vasos sanguíneos de sus ojos si tiene algún problema en ese campo.

Escucha a los doctores hablar de lo que están haciendo para reparar sus ojos.

Nota una visión excelente. Se ve leyendo libros, mirando objetos distantes y leyendo signos remotos con facilidad.

Entonces se siente verdaderamente feliz por los progresos realizados en la visión, y se contempla riendo con satisfacción.

18

CONTROLAR UN TUMOR CON EL PODER TOTAL DE LA MENTE

Aunque las pruebas de la capacidad de la mente para controlar tumores malignos son incompletas, quienes sufren de ellos nada tienen que perder intentándolo. Existe la evidencia de que algo menos poderoso que el Poder Total de la Mente ha ayudado a quienes sufren de tumores.

Un ejemplo de la capacidad de la mente para influir la prognosis de cáncer procede del campo médico de la radiología terapéutica. Algunos doctores de esta especialidad han dividido —en los centros médicos— en grupos a pacientes bajo tratamiento de cáncer. Un grupo recibe la terapia habitual de rayos X para un tipo concreto de cáncer; el otro, compuesto por personas que padecen el mismo tipo de cáncer, recibe idéntica terapia, pero es adoctrinado en la utilización de la imaginería mental que les confiere una visión más positiva de sus posibilidades de recuperación.

Los resultados pusieron de manifiesto que las personas que utilizaron la imaginería, y desarrollaron actitudes más positivas, tienen una prognosis, en general, mejor que los grupos expuestos únicamente al tratamiento de rayos X. Estos resultados se obtuvieron cuando los pacientes utilizaron únicamente la imaginación mental del pensamiento consciente, el 10 por 100 del poder de la mente, que es el máximo de lo que utiliza la inmensa mayoría de las personas en la vida diaria. ¿Acaso no sería mucho más eficaz el tratamiento utilizando el Poder Total de la Mente?

El Poder Total de la Mente puede conferir una ventaja decisiva en la batalla por superar cualquier condición, incluso una tan seria como el cáncer, de manera especial cuando su fuerza motivadora se suma a los descubrimientos de la medicina moderna.

El doctor Carl Simonton, terapeuta radiólogo en Oncology Associates, Fort Worth (Texas), utiliza una combinación de meditación, visualización y técnicas de *biofeedback* en el tratamiento de los pacientes de cáncer.

Piensa el mencionado doctor que la utilización del tratamiento de radiación conjuntamente con la plena cooperación y participación de la mente ofrece mejores resultados que la sola utilización del tratamiento radiactivo.

Dice en una entrevista: «A demasiados pacientes les va bien ignorando que algo distinto está sucediendo.»

El empujón del Poder Total de la Mente se produce cuando se emplea ese método juntamente con el mejor tratamiento médico, ya que con su uso el paciente nada tiene que perder, y probablemente mucho que ganar.

Antes de crear una visualización mental para usted con la finalidad de aplicarla a la curación de un tumor, tanto si es grave como el cáncer, o menos grave, resultaría útil recoger toda la información posible de su médico. Será así capaz de describir las características del crecimiento que le ayudarán a desarrollar una pintura llena de imaginación y de viveza.

Imagine, por ejemplo, que tiene una verruga en la mano. El médico le explica que esos pequeños puntos negros en el centro son los vasos sanguíneos que la alimentan; que tiene un nervio, y que éste se halla, probablemente, adherido a la piel de su mano.

Utilice ahora su imaginación para crear un retrato vivo para su visualización mental. Este retrato podría incluir una bomba con un conmutador para apagar y encender tubos que van desde la bomba hasta la verruga. En la posición de apagado, el interruptor corta el suministro de sangre a la verruga. Visualice el nervio que va desde el cerebro y cuya actividad puede quedar interrumpida a voluntad, igual que el suministro de sangre. Pinte el efecto sobre la verruga cuando se corta el suministro y se detiene la alimentación: comienza a cambiar de color, a secarse, hasta que desaparece de su mano.

Si usted es tratado por un médico, incorpore el tratamiento en la visualización. Si, por ejemplo, le ha aplicado una medicina marrón, dirija su mente a que vea cómo penetra en la verruga, matando las células que se encuentran dentro de ella, de manera que, juntamente con el corte de la alimentación de la sangre y de nervios, hace que la verruga se seque y desaparezca.

Los métodos del Poder Total de la Mente pueden aplicarse a problemas más serios, tales como un tumor maligno de pulmón. También en este caso, trate de recoger del doctor una comprensión fundamental de los detalles del crecimiento. De esta manera, podrá crear pinturas mentales adecuadas al caso.

Ofrecemos a continuación un breve ejemplo de una forma de visualización mental para guiar a una persona que sufre este tipo de cáncer. Ello le ayudará a crear un informe personal. La persona interesada desarrollará los detalles, incorporando como siempre el mayor número posible de sensaciones sensoriales:

Visualice lo más posible todo lo referente al problema.
Ve que el tumor tiene un nervio que puede cortar mediante un interruptor en su mano.
Ve el tumor arrugándose.

129

En su mente ve cómo se lleva a cabo este proceso.

Dirija ahora su mente para que envíe anticuerpos a luchar contra las células del tumor.

Con su imaginación, ve en su cuerpo una máquina de hacer anticuerpos.

Usted instruye la máquina, una vez colocada en situación de «encendida», para que lance anticuerpos que van al tumor y atacan su crecimiento.

Podría usted dibujar la máquina «anticuerpo» soltando criaturas diminutas, semejantes a animales que devoran literalmente las células tumorales; o imaginarlas como organismos ameba que las engullen y las digieren.

En el caso de una situación grave como ésta, es una buena idea utilizar las técnicas del Poder Total de la Mente una o dos veces por día, indefinidamente.

No pretendemos decir que el Poder Total de la Mente deba sustituir una ayuda médica o una medicación concreta. ¡Nada de eso! Sí queremos insistir en que su utilización no causará daño, y con toda seguridad proporcionará algún bien. Puede, igualmente, aliviar el sufrimiento físico, tal como se dijo en el capítulo sobre el sufrimiento físico.

19

COMO LOGRAR QUE DECREZCA LA POSIBILIDAD DE UN ATAQUE AL CORAZON UTILIZANDO EL PODER TOTAL DE LA MENTE

Entre los trastornos que pueden desarrollarse durante un período de años sin síntomas alarmantes se encuentra el cardiaco de las coronarias. Muchas pruebas no muestran cuándo a una persona, que por lo demás se encuentra sana, se le están formando depósitos de grasa en sus arterias coronarias. Existen *tests* sofisticados para mostrar el estado de la persona con trastorno cardiaco avanzado, pero son inadecuados para revelar los problemas cardiacos potenciales de aquellos que aparentemente se encuentran sanos. Y muchísimas personas no tienen la más leve sospecha de encontrarse en dificultades hasta que les sobreviene un ataque al corazón.

Incluso aquellos cuya situación ha sido diagnosticada y se encuentran en tratamiento corren riesgos.

Estando yo en el internado como médico de medicina interna, una de las cosas que con mayor fuerza me impresionó fueron los riesgos que muchos pacientes, sometidos a tratamiento de dolencias de corazón y problemas relacionados, se veían en apuros a causa de las medicinas utilizadas para controlar tales problemas. Con demasiada frecuencia vi pacientes que morían debido a complicaciones ocasionadas por las medicinas, por dosis anormales, o por trastornos de las palpitaciones.

Es un arma de dos filos utilizar algunos de esos tratamientos, y los enfermos que las reciben deben ser observados cuidadosamente. Recuerdo una persona ya mayor que tomó una sobredosis de digital. Fue llevada a la unidad de vigilancia intensiva en estado agónico, y cuando diagnosticaron su problema era demasiado tarde para salvarla. La sobredosis había producido una velocidad cardiaca anormal difícil de distinguir de una velocidad anormal ocasionada por un ataque al corazón; y el tratamiento es diferente en ambos casos.

Posteriormente, tuve la oportunidad de hablar con miembros de su familia. Me dijeron que estaba tomando algunos medicamentos y que veía poco. Probablemente por esta razón confundió las pastillas, tomó las que no debía, produciéndose así la sobredosis de digital cuando creía que estaba tomando otra medicina.

La dificultad de diagnosticar muchos de los problemas cardiacos, la naturaleza peligrosa de algunos de los tratamientos, y el hecho de un porcentaje sorprendentemente alto de pacientes que no siguen las indicaciones de su médico, confiere una importancia aún mayor a la existencia de alguna manera de prevenir y aliviar las condiciones del corazón.

Estudios realizados en todo el mundo demostraron que la mente puede influir en la velocidad normal del corazón, así como en las tasas anormales de velocidad cardiaca, y también reducir la presión sanguínea, que es un factor determinante de algunos de los ataques al corazón. En consecuencia, el individuo sano puede utilizar su mente para permanecer sano, y el enfermo del corazón aplicar —y le conviene hacerlo— las técnicas del Poder Total de la Mente, al mismo tiempo que el tratamiento médico, para influir en el curso de su enfermedad. Además, puede utilizarse siempre el Poder Total de la Mente para aliviar el sufrimiento.

Los hombres y mujeres en buenas condiciones cardiacas, o aquellos que son vulnerables por razón de herencia o de otros factores tales como «diabetes», deberían estar bien entrenados para utilizar a diario el Poder Total de la Mente. La visualización siguiente es una guía para preparar una que cuadre con sus necesidades:

Usted ve en su mente una pintura de su corazón.

Ve que los músculos de su corazón están alimentados por las arterias coronarias.

Puede visualizar esto como un motor que recibe gasolina por un conducto de fuel, o de cualquier otra manera gráfica que le plazca.

Recuerde que el ataque al corazón sobreviene cuando los vasos sanguíneos de las coronarias se estrechan o están obturados por depósitos de grasas.

Dirija su mente a mantener estos vasos sanguíneos libres de depósitos de grasa, de forma que permanezcan abiertos y limpios toda su vida.

A continuación, haga que su mente envíe un producto químico para disolver cualquier depósito que haya podido formarse.

Dirija también su mente para que envíe impulsos a su corazón, a fin de que éste se mantenga pulsando a su ritmo normal, sea cual fuere la tensión que le afecte.

Siente el latido de su corazón, y con cada uno de ellos dirige su mente para que haga más fuerte su corazón.

Incrementa además el abastecimiento de sangre a su corazón haciendo que aumente el número de vasos sanguíneos que le llevan alimento.

Sabe usted perfectamente que estos vasos sanguíneos extra

son importantes, caso de que determinados vasos queden obstruidos.

La relajación y los beneficios generales que obtiene de la utilización del Poder Total de la Mente liberan al corazón de la sobrecarga del *stress* y adquiere usted una gran sensación de confianza en su capacidad para prevenir las dolencias cardiacas.

* * *

Escuche ahora el latido normal de su corazón y perciba cómo cambia su ritmo a cada respiración.

Ya sabe que es normal este cambio de ritmo; pero pueden darse otros cambios, tales como latidos sumamente irregulares.

Cuando esto ocurra, su mente puede implantar rápidamente el ritmo normal de latidos.

Lo consigue enviando directrices a su corazón a través de los nervios que parten el cerebro.

Usted se encuentra sumamente feliz porque es capaz de prevenir los problemas de corazón.

Por ejemplo, es capaz de dirigir su mente para que elimine el exceso de colesterol.

Para ello utiliza una retícula especial que usted imagina en uno de los vasos principales que van al corazón.

Puede ver los vasos sanguíneos como tubos, o un canal, que conducen a su corazón, y ve un conmutador regulador en su mente.

Este controla la cantidad de sangre que alimenta el corazón.

Cuando se produce una baja en el suministro de sangre,

pulsa el interruptor, e inmediatamente es enviada mayor cantidad de sangre alimentadora a su corazón.

Ve encenderse una luz especial en su cerebro si entra en su sistema alguna medicina o cuerpo químico que pueda interferir en la velocidad cardiaca o en el abastecimiento sanguíneo al corazón.

Cuando se enciende la lucecita, dirige usted su mente para que emita cuerpos químicos especiales desde su hígado que ataquen estas sustancias extrañas.

Dirija su mente a controlar la presión de la sangre que fluye a su corazón.

Así se normaliza la presión sanguínea en sus venas. Visualice a su médico midiendo la presión sanguínea y felicitándole porque la tiene normal.

Usted se siente plenamente orgulloso de su capacidad para controlar estas funciones de su cuerpo, y desarrolla un sentimiento de seguridad.

La situación concreta en que se encuentre su corazón determinará los contenidos de la visualización mental que redacte. Si el problema es angina de pecho (dolor de pecho asociado a trastornos coronarios), podría combinar fácilmente las directrices para aliviar el dolor con las que pretenden impedir ataques de corazón. Existen incontables combinaciones posibles.

Recuerde: Prescindiendo de la eficacia que pueda tener en la práctica el Poder Total de la Mente, no se trata de reemplazar el tratamiento médico convencional. Debe ser utilizado *como añadidura* a la medicación dada por el doctor.

20

EL PODER TOTAL DE LA MENTE PARA FRENAR EL PROCESO DE ENVEJECIMIENTO

¿No ha caído en la cuenta de que unas personas tienen mejor aspecto que otras a pesar de tener ambas la misma edad? Para algunos, se trata de una cadencia natural que probablemente no puede ser controlada; pero para la mayoría, hacerse mayor no es sinónimo de rápido deterioro.

Recuerdo a un alto ejecutivo, Stewart, que vino a verme a mi consulta lamentándose de sentirse desacostumbradamente cansado. Me comentó su preocupación por la palidez y lo cetrino de su rostro, que le hacía aparentar más de los cincuenta y dos años que tenía. Evidentemente, se encontraba en tensión y deprimido.

Un examen completo, incluido un chequeo torácico con rayos X, pruebas de sangre y orina, demostró que no existían motivos físicos para su problema.

Le pregunté si había pensado alguna vez utilizar su mente para influir en su salud general. Me respondió negativamente. Continuó diciendo que sus problemas se debían al deterioro general, que va inseparablemente unido al proceso de envejecimiento, y que nada podía hacerse en contra de este proceso.

Le sugerí algunas técnicas del Poder Total de la Mente. Una semana más tarde volvió por mi consulta. Todo su aspecto había cambiado drásticamente. Se encontraba vibrante, el color y tono de su piel eran casi juveniles, y no daba la menor señal de depresión.

Se estima que las dolencias de más del 80 por 100 de los enfermos que visitan médicos privados son de origen psicosomático (ocasionadas por la actitud mental del paciente). Estas enfermedades incluyen úlceras de estómago, dolores de cabeza constantes, debilidad muscular, y un sin fin de lamentaciones. Hay personas que gastan anualmente millones y millones de pesetas buscando la curación de problemas originados en su mente.

Si la mente es capaz de ocasionar enfermedades, parece natural que también pueda curarlas. Resulta lamentable que tan sencillo raciocinio no haya sido comprendido por la gente ni por muchos de los que practican la medicina. En descargo de los médicos, hay que decir que muchos se encuentran tan absortos en la atención de sus pacientes y en mitigar sus sufrimientos, que no disponen de tiempo para instruirles en cómo utilizar la mente para hacer desaparecer las causas.

Científicos dedicados al estudio del proceso de envejecimiento afirman que no sería nada descabellado que la media de vida humana se situara entre los 120 y 150 años. Piensan que el hombre moderno, de manera especial en Occidente, muere prematuramente.

En defensa de esta teoría, podemos afirmar que existen evidencias de que las personas de los tiempos antiguos vivían más que nosotros, y se ha descubierto que grupos aislados actuales viven más que el resto de la humanidad.

Podemos calificar el envejecimiento como un mal, muchos de cuyos síntomas parecen ser de naturaleza psicosomática, pero no podemos considerarlo como un proceso irreversible ni fatal. Las presiones y ansiedades de nuestro entorno moderno parecen acelerar este proceso de envejecimiento. Se trata de un problema al que no tuvieron que hacer frente nuestros abuelos.

También los efectos hereditarios influyen en el proceso de envejecimiento. Algunos heredan una constitución más fuerte que otros, y como consecuencia, se hallan en mejores condiciones para enfrentarse a las enfermedades y presiones actuales. Pero la historia se encuentra llena de ejemplos de personas que tuvieron una larga y productiva vida a pesar de padecer una enfermedad crónica y ser frágiles. Estas personas parecen haber utilizado el poder de sus mentes para superar su debilidad física.

Si desea imitarlas, escriba su visualización y comience a rejuvenecer.

La visualización de Paso Dos que redacte para desacelerar el proceso de envejecimiento debería estar cargada de colorido y de imaginación, e incluir estos elementos básicos:

1. Visualícese continuando una vida con aspecto juvenil y vigoroso por tiempo indefinido.
2. Dirija su mente a producir los efectos específicos que desea. Por ejemplo, si no quiere aparecer viejo y arrugado, véase pulido, flexible, con una piel sin arrugas.
3. Píntese como extremadamente alerta y atlético, moviéndose tan suelto como cuando era un adolescente.
4. Si el proceso de envejecimiento se ha visto acompañado por alguna dolencia, incorpore visualizaciones específicas para tratar esos problemas, así como el envejecimiento.
5. Eche mano de todos sus sentidos. Dirija su mente a mejorar el sentido del gusto. No olvide que todos los sentidos pierden sensitividad a medida que avanza la edad. Dirija su mente a agudizar su sentido del oído, a robustecer sus sentidos del olfato, tacto y vista.

6. Visualice algunos achaques y padecimientos que ha juzgado inevitables, y véalos desapareciendo para siempre.

Las repeticiones del Paso Tres deberían tener lugar al menos una vez por semana durante un período de tiempo indefinido, ya que su objetivo es preservar su cuerpo utilizando su mente. Y esto es realmente un programa para toda una vida.

No se preocupe si algunas personas no aceptan el Poder Total de la Mente como una fuerza práctica. Este sistema es natural. No daña en manera alguna ni entra en conflicto con cualquier otro tipo de tratamiento. Las personas que no aceptan el método del Poder Total de la Mente deberían, al menos, reconocer que la actitud mental de usted es buena y continuará siéndolo. Puede estar totalmente seguro de que el Poder Total de la Mente no le reportará más que bien. El sentimiento de bienestar que proporciona es en sí una ayuda importante para desacelerar el proceso de envejecimiento. La excesiva ansiedad y las tensiones internas son dañinas y su superación contribuye marcadamente a un sentimiento de juventud.

Las enormes sumas de dinero gastadas en cosméticos, en cirugía plástica, en dispositivos con los que se pretende retrasar el proceso de envejecimiento, el énfasis que la publicidad hace sobre la juventud, demuestran que nos hallamos sumamente preocupados por mantener la juventud y el vigor, y que estamos dispuestos a ensayar todo lo que nos promete unos resultados positivos. El Poder Total de la Mente ofrece el camino más sencillo, menos costoso y más conveniente para ganar la batalla contra la edad.

21

CONTROLAR OTRAS DOLENCIAS CON EL PODER TOTAL DE LA MENTE

Unas verrugas aparecidas en un área muy sensible producían fuertes molestias a Jana, muchacha que frisaba en los veinte años y que vino a mi consulta agobiada por la preocupación. Me dijo que las verrugas habían sido tratadas químicamente en algunas ocasiones y extirpadas quirúrgicamente, pero que aparecían de nuevo. El tratamiento era tan doloroso que Jana —según me confesó— pensó suicidarse.

Comprendiendo que sus verrugas estaban motivadas por un virus infeccioso y que podrían volver a aparecer fuera cual fuese el tratamiento, pregunté a Jana si estaría dispuesta a utilizar las técnicas del Poder Total de la Mente antes de intentar cualquier otra nueva medida médica. Jana se mostró de acuerdo, aplicó el Poder Total de la Mente y sus verrugas desaparecieron en el plazo de dos semanas.

Con frecuencia, las verrugas desaparecen espontáneamente o como consecuencia de un tratamiento cuya eficacia resultaría difícil de explicar. La influencia de la mente en el crecimiento de un tumor de este tipo puede deberse al incremento de algunas resistencias inmunológicas al virus de la verruga o a un control mental del abastecimiento de sangre en el área. Las pautas de las visualizaciones mentales para pacientes con tales problemas tendrán que desarrollarse sobre esta base.

En la medida en que tenga usted algún conocimiento de la causa o acción de una dolencia, tiene que crear una imagen para las visualizaciones mentales con las que se pretenda un alivio o cura de esos trastornos.

El Poder Total de la Mente aboga por la utilización de la mente para incrementar el tratamiento médico en el proceso curativo.

El doctor Kenneth R. Pelletier, psicólogo investigador en el instituto neuropsiquiátrico Langley Porter, y director del Instituto Psicosomático de Gladman (California), dijo en una entrevista:

«Cuando un individuo acepta la idea de que participa activa y responsablemente en el proceso de la autocuración, deja de ser la víctima pasiva de la dolencia.

»En esta postura, la capacidad creativa del paciente queda implicada en el proceso terapéutico y se crean nuevas posibilidades cuando los individuos aprenden a hacer uso de sus propios recursos interiores.»

Por ejemplo, si una persona sufre de diabetes mellitus (conocida comúnmente como diabetes de azúcar), un médico puede explicar la causa en términos vulgares como utilización defectuosa del azúcar en el cuerpo debido a la falta de suficiente producción natural de insulina, tarea encomendada al páncreas. Aunque muy simplificada desde un punto de vista médico, esta explicación ofrece materiales adecuados para confeccionar unas imágenes mentales utilizables en una visualización.

Puede aplicarse el Poder Total de la Mente imaginando que una cantidad abundante de insulina fluye del páncreas en chorro que lame y desgasta la roca de azúcar cristalizado. Al mismo

tiempo, la persona puede dirigir la mente a metabolizar más eficazmente los azúcares y almidones comidos.

Podría utilizarse también el Poder Total de la Mente para superar cualquier tentación de engañar comiendo alimentos prohibi-
dos, tales como fuertes dosis de azúcar y almidón.

Probablemente, este triple ataque mediante los poderes de la
mente no utilizados con anterioridad llevaría a una reducción de la
dosificación de la insulina prescrita por el médico.

El Poder Total de la Mente no se basa en la fe que cura ni en
concepto religioso alguno. No depende del fortalecimiento de la
fuerza de voluntad ni de los poderes de concentración. Se basa en
procedimientos y técnicas científicas, y funcionará cuando se utilice como ha sido descrito en estas páginas, tanto si usted cree en
él como si lo utiliza únicamente como último recurso.

Si se enfrenta a un problema difícil, tanto académico como
emocional, psicológico o físico, tendrá suficientes motivaciones
para intentar utilizar ahora el Poder Total de la Mente. Sea cual
fuere el problema, estas técnicas le ayudarán.

22

PONGA FIN A LOS MEDIOS Y FOBIAS UTILIZANDO EL PODER TOTAL DE LA MENTE

Todos nos encontramos acompañados siempre de nuestras fobias, pero en su mayoría ejercen escasa influencia en nuestra vida ordinaria. Sin embargo, de vez en cuando aflora alguno de estos miedos o fobias que hacen la vida desagradable y pueden, incluso, interferir seriamente en nuestra vida social o de negocios. Por consiguiente, es preciso hacer algo en este campo.

Si los ascensores le producen miedo, tiene dos soluciones: o superar el miedo y utilizarlos, o resignarse a tener que subir a pie las escaleras. Si le produce pánico volar en avión, tendrá que superar el miedo, o resignarse a viajar siempre por otros medios.

El Poder Total de la Mente puede ayudarle a superar cualquier temor o fobia que desee eliminar.

Un día, un amigo me confesó su enorme temor a los aviones y a volar. Su situación era desafortunada por partida doble, pues le exigían viajar con frecuencia en avión.

John no era capaz de superar su miedo. Acudió a un psiquiatra en un intento de solucionar el problema. Se sometió al psicoanálisis y al autoanálisis, pero su temor seguía creciendo. La mera comprensión del miedo no era suficiente para disiparlo. Se sentía particularmente preocupado por su problema, porque si no lo solucionaba de manera definitiva perdería su importantísimo empleo. Traté de hacerle comprender que entender un problema no es sinónimo de curación automática, pero que el Poder Total de la Mente podía hacer algo al respecto.

Intentó utilizarlo. Una semana fue suficiente para que desapareciera el miedo. Desde entonces ha viajado durante algunos años, y afirma no padecer problemas emocionales ni psicológicos.

Le pregunté qué había escrito en su visualización mental. Me respondió que, para el Paso Uno, había remodelado el viaje en globo, presentado en el capítulo 7. Lo adaptó a sus necesidades y lo acortó algo debido al tiempo limitado de que disponía. De ordinario, lo utilizaba por la mañana temprano porque le resultaba más conveniente que por la noche, aunque ocasionalmente lo usó justamente antes de acostarse. Esta es una de las primeras ventajas de las técnicas del Poder Total de la Mente, que es posible adaptarlo a las necesidades y preferencias individuales.

Para el Paso Dos desarrolló una visualización mental en la que se veía pilotando un planeador y elevándolo a gran altura. Había sentido cómo flotaba cuando el planeador voló en las corrientes de los vientos y saboreado y olido el aire fresco y puro y escuchado el silbido de las alas al cortar el aire.

Incorporó a su visualización otros muchos sentimientos, tales como el gozo que sentiría siempre que se diera un viajecito por las alturas y lo excitado que estaba por la belleza de la tierra vista desde arriba.

Describió cómo desarrolló el disfrute de volar y cómo sus temores se esfumaron como nubes sobre las que se imaginaba volar cuando navegaba en su planeador.

Para el Paso Tres, repitió diariamente la visualización mental una semana entera; durante la segunda, un día sí y otro no; en la tercera semana no necesitó ejercitarse, ya que para entonces había perdido el miedo a volar.

Después había utilizado su visualización mental cada tres meses para experimentar el gozo de planear. La utilizaba a pesar de no haber desarrollado temor alguno.

El Poder Total de la Mente ayuda a superar el miedo, sea cual fuere la causa o el tema.

Si, por ejemplo, siente recelo de ir al dentista por el temor a sufrir, puede no sólo elaborar una visualización mental para hacer que le resulte agradable acudir al dentista, sino que puede confeccionar una visualización mental destinada a eliminar cualquier posible sufrimiento (como se describió en el capítulo sobre el dolor).

Cuando lo haya intentado, caerá en la cuenta de que la vida tiene otro sabor cuando se siente libre de las limitaciones de un temor irracional. Experimentará un sentimiento especial de gozo cuando tenga la seguridad de no sentirse temeroso y, además, de poseer un arma contra cualquier temor que pueda sobrevenirle en el futuro.

23

UTILIZACION DEL PODER TOTAL DE LA MENTE PARA SUPERAR EL PROBLEMA DEL ALCOHOL Y LAS DROGAS

El alcoholismo y la adicción a la droga son problemas de creciente preocupación en nuestra sociedad, y su curación por los medios convencionales constituye difícil tarea. El Poder Total de la Mente es capaz de llevar a cabo la curación, liberando a la víctima de un peso abrumador.

La inmensa mayoría de las personas que sufren los efectos del uso excesivo de la droga o del alcohol (que es en realidad una droga) conocen los peligros de su hábito, pero son totalmente incapaces de superarlo.

Tanto si la droga es blanda, como la aspirina, o dura, como la morfina, o su vicio es el alcohol o las pastillas para dormir, puede liberarse de este hábito que amenaza su salud y le impide llevar una vida feliz y llena de éxitos.

Sólo usted puede decidir por sí mismo cuándo necesita tratamiento, si es que lo necesita. El umbral del peligro es diferente para cada individuo, e incluso distinto para el mismo individuo en diferentes situaciones o momentos. Lo que para una persona puede ser una cantidad peligrosamente alta, tal vez para otra es únicamente moderada. El consejo médico y la literatura sobre el tema de la adicción quizá resulten útiles; pero, en última instancia, sólo usted puede juzgar qué tratamiento necesita. Unicamente usted sabe a ciencia cierta si la droga o la bebida están incapacitándole, afectando su salud o destruyendo sus relaciones con otras personas.

El Paso Tres de las técnicas del Poder Total de la Mente, el reforzamiento, varía de unas personas a otras. Si tiene una fuerte adicción a la droga o al alcohol, necesitará sesiones frecuentes, tal vez diarias, durante un período indefinido de tiempo. El bebedor ocasional que únicamente desea acabar con la bebida, tal vez necesite únicamente una aplicación ocasional de las técnicas.

Aplicadas con la frecuencia suficiente, las técnicas del Poder Total de la Mente liberarán, incluso, de los hábitos más arraigados.

El siguiente modelo de visualización mental para superar el uso excesivo de alcohol puede ser utilizado tal como está redactado, o también alterarse para acomodarlo a sus necesidades concretas, o modelarse para adecuarlo al hábito de la droga:

Imagínese pensando en su bebida alcohólica favorita. Visualice claramente la bebida.

Sabe que le gustaría disminuir el uso del alcohol, a causa de los problemas que crea, tanto a usted como a las personas que le rodean.

Usted dirige su mente para que le confiera control sobre la bebida. Imagine un interruptor en su mente que controla su deseo de tomar alcohol. Cuando el interruptor se halla en posición de apagado, usted pierde el gusto por el alcohol.

Ahora puede ver su bebida alcohólica incluso más claramente, pero siente asombro al comprobar que ha perdido el gusto por la bebida.

De hecho, ve que ha perdido interés por cualquier clase de alcohol, y desarrolla una gran dosis de satisfacción al comprobar su capacidad para controlar su deseo.

Piensa ahora en otra clase de bebidas no alcohólicas, y empieza a desarrollar el gusto por ellas.

Una de éstas es, tal vez, el té orgánico aromático servido con miel.

Se ve en una reunión social en la que le ofrecen una bebida, que usted rechaza.

Por su parte, pide una soda con una aceituna, una limonada, u otra bebida similar.

Comienza a desarrollar un placer cada vez más fuerte por las bebidas que se obtienen en los mismos lugares y situaciones que las alcohólicas.

Algunas de esas bebidas son pomelo o zumo de naranja, o cualquier otra no alcohólica que usted prefiera.

Recuerda usted todas las secuelas desagradables que deja siempre el alcohol, especialmente al día siguiente de haberlo bebido.

Esos recuerdos se tornan extremadamente vivos siempre que se presenta la oportunidad de beber alcohol.

Cae en la cuenta de que si tiene antojo de alcohol, en algún momento puede sustituir ese anhelo por el deseo de comida.

Se ve en otra situación en la que está considerando tomar una bebida alcohólica, pero de repente pierde tal deseo y piensa en su manjar preferido.

Huele y degusta ese plato y se ve comiéndolo vorazmente.
Cada vez que se encuentra en tal situación, se ve saliendo de
su camino para comer algo lo antes posible, a fin de ami-
norar su deseo de alcohol.

Después de haber comido, cae en la cuenta de que todos los
pensamientos que giraban en torno al alcohol se han eva-
porado por completo y no forman ya parte de sus gustos.
Siente gran complacencia en los alimentos que reemplazan
sus deseos de alcohol.
Y desea desarrollar una sensación de realización.

Puede sentir que su cuerpo se torna más saludable cuando
comienza un nuevo día sin alcohol.
Y siente un enorme bienestar que desea mantener durante el
resto de su vida.

Percibe que le es posible conciliar el sueño mucho más
fácilmente.
Y que sus sueños son más hermosos.
Desde que puede dormir mejor, experimenta una sensación
de vigor y de vitalidad cuando despierta por la mañana.

Mejoran todas las relaciones de su vida.
Decide entonces que todas estas mejorías le hacen mucho
más feliz que la bebida.
Desea abandonar por completo el uso del alcohol.
Tiene la sensación de que en su vida hay directrices y objetivos que superan con mucho las sensaciones que experi-
mentaba cuando era esclavo de la bebida.

149

24

COMO INCREMENTAR LA SENSIBILIDAD SEXUAL CON EL PODER TOTAL DE LA MENTE

Los problemas relacionados con el sexo son muy comunes y parecen a veces sumamente difíciles de resolver. Dos de las mayores dificultades son la impotencia en el varón y la incapacidad de la hembra para alcanzar el orgasmo. En determinadas situaciones, una deficiencia física o una enfermedad pueden ser las causas de tal situación, pero en la mayoría de los casos, éstas son de tipo psicológico.

En respuesta a las necesidades actuales, están naciendo centros de investigación sexual, clínicas y grupos de asesoramiento. Todos pretenden ayudar en el tema sexual, pero las curaciones, desgraciadamente, no abundan.

Hace algunos años, Jim, que tenía entonces treinta años y había acudido previamente a algunas de estas clínicas, vino a mí lleno de ansiedades y completamente confundido por las recomendaciones contradictorias que le habían propuesto como tratamiento. Había sido analizado y se pusieron de manifiesto muchas de las facetas de su problema, pero de nada le sirvió.

Pensó que, fuera cuál fuese la causa de su problema, lo más importante en aquel momento era hacer frente a sus necesidades básicas. Le describí las técnicas del Poder Total de la Mente y le sugerí que se lo aplicara como mejor le pareciese.

Una semana después, Jim volvió a verme, enormemente excitado, porque no sólo se había curado de su impotencia, sino que el Poder Total de la Mente estaba ayudándole a sentirse más y más satisfecho.

Más adelante me puse de nuevo en contacto con él. Me contó que se sentía muy feliz, que se había casado, que tenía un hijo, y que no tenía problema alguno en lo referente al sexo.

Otros pacientes incapaces de alcanzar el orgasmo, a los que sugerí el Poder Total de la Mente como una ayuda, tuvieron experiencias similares. Todos expresaron gratitud por el descubrimiento de poder utilizar sus propias mentes para solucionar sus problemas.

Los estudios de investigación demuestran que la mente ejerce una enorme influencia sobre la respuesta sexual; de ahí que exista una amplia base de coincidencia en la afirmación de que usted puede utilizar su mente para hallar una vida más rica y feliz.

Si siente la necesidad de incrementar la respuesta sexual, vaya a través del Paso Uno —el viaje en globo podría ser muy adecuado—. Para el Paso Dos, redacte una visualización mental que cubra los problemas que tiene. Redáctelo con todo detalle. Sus directrices e imágenes deberían describir con toda precisión lo que le gustaría alcanzar. Incluya el mayor número posible de directrices emocionales y sensoriales.

La siguiente visualización mental aplica el Poder Total de la Mente a incrementar la respuesta sexual general, a todos los niveles:

Se ve en un castillo, con alguien a quien usted ama intensamente.

Los dos pasean por el castillo, disfrutando de todas las vistas y sonidos de la encantadora escena que les rodea.

Su compañera le mira con tal ternura, que usted siente que, de repente, le invade un fuerte deseo sexual.

Usted comienza a hablarle románticamente. Se miran fijamente a los ojos, y desean estar solos el uno con el otro.

Ambos perciben el impulso que surge de sus cuerpos.

Se sienten sexualmente atraídos el uno al otro de la manera más poderosa imaginable.

Caminan más a prisa en busca de una habitación aislada en la que puedan dar rienda suelta a su amor.

Llegan a un zaguán que conduce a un tramo de escalera.

Cuando han subido la escalera, puede usted sentir y escuchar su corazón que late más de prisa.

Ambos anticipan el momento eléctrico ante el primer abrazo.

Hay una alta puerta de madera al final de la escalera.

Usted la empuja suavemente para abrirla, y ambos ven un gran lecho en el centro de la habitación.

Un rayo de sol entra a través de la ventana y baña el lecho con un resplandor maravilloso.

En una parte de la habitación, ve usted una gran tina de madera.

Puesto que ambos han estado caminando por el polvoriento patio del castillo, se desnudan recíprocamente para tomar un maravilloso y sensual baño juntos.

El agua del baño está caliente y fragante.

Cuando se lavan recíprocamente, una sensación de hormigueo se apodera de sus cuerpos, y se sienten sexualmente excitados.

Se tocan mutuamente en cada una de las partes de sus cuerpos y sienten una enorme sensación de gozo exultante.

Usted siente entonces el estremecimiento que se apodera de los dos y experimenta la sensación de hacer el amor.

Comienza usted a besar apasionadamente.

Un sabor dulce en su boca parece ser la señal de que ambos se hallan preparados para unirse el uno al otro.

Olores aromáticos embriagadores invaden el aire, y puede escuchar una música suave que viene de la lejanía.

Ambos saben que están solos en este remoto paraíso.

Cuando ponen fin al baño, comienzan a secarse el uno al otro con grandes y suaves toallas.

Cada vez que se tocan se acrecienta la excitación, y apenas son capaces de esperar el momento de abrazarse.

Ambos alcanzan la cima del deseo y caen juntos en el lecho.

La pasión se agita en usted como una ola abrumadora cuando continúan tocándose y acariciándose.

Comienzan a acariciarse el uno al otro, y con cada sensación táctil la excitación crece más y más.

Ahora comienzan a acariciar las áreas sensuales de cada uno, y usted arde en deseos de dar satisfacción a su anhelo sexual.

De pronto, están unidos, formando una unidad, y usted alcanza un maravilloso clímax sexual que les sumerge a ambos y colma todos sus deseos.

Permanecen tumbados sobre le lecho y piensan en las maravillas del mundo y en la impresionante belleza que acaban de experimentar.

153

El caliente resplandor de la luz que entra en la habitación comienza a apagarse, y los dos caen en un dulce sueño abrazados tiernamente.

Usted comienza a soñar en la maravillosa experiencia sexual y vuelve a vivir en sueños la pasión sentida.

Cuando despierta por la mañana, la luz se filtra a través de la ventana.

Puede escuchar el canto de los pájaros en los campos que rodean el castillo.

De nuevo, fuertes pasiones le invaden y vuelve a hacer el amor con abandono salvaje.

* * *

Después de haber alcanzado la cima de la excitación, ambos yacen de espaldas sobre el lecho y permanecen en esa postura durante algún tiempo, que se les antoja una eternidad.

Usted repasa todas las excitaciones sexuales que ha experimentado, y cae en la cuenta de que se ha realizado sexualmente con plenitud.

Podría alterarse o alargarse esta visualización mental de acuerdo con sus propios gustos y deseos. Lo que resulta excitante para una persona, quizá no lo sea para otra. Cualesquiera sean sus preferencias, incorpórelas en su visualización de la manera más variada e imaginativa posible. Explicite detalles sexuales de sus cuerpos, así como descripciones del acto sexual. Puede resultar adecuado para usted.

Es importante recordar que las técnicas del Poder Total de la Mente *no* se basan en la fuerza de voluntad ni en la concentración.

De hecho, el intentar con demasiado esfuerzo alcanzar las metas sexuales puede resultar contraproducente en el caso de una persona que padezca impotencia o de una mujer que sea incapaz de alcanzar el orgasmo.

Relájese y deje que el Poder Total de la Mente le dirija a la realización plena de sus deseos sexuales en una medida intensamente superior a la conocida por usted hasta el presente.

25

UTILIZACION DEL PODER TOTAL DE LA MENTE PARA LA ESTABILIDAD EMOCIONAL Y EL DESARROLLO PLENO DE TODO SU POTENCIAL

Lo más probable es que usted empiece a utilizar el Poder Total de la Mente para un problema específico de su vida. Con todo, caerá en la cuenta de que resultaría beneficioso en general en áreas a las que no ha dirigido su mente. Cuando advierta que se ha incrementado la estabilidad de su vida, cuando caiga en la cuenta de que tiene una postura más relajada frente a los demás, comprenderá algunos de los beneficios positivos del Poder Total de la Mente.

Dado que la inestabilidad emocional constituye un problema serio en el tenso mundo en que vivimos, las directrices para alcanzar esta estabilidad podrán demostrarse útiles para muchos de nosotros.

En cierta ocasión, una joven señora se lamentaba de que tenía serios problemas en su vida debido a la falta de confianza en sí misma.

June había asistido a grupos de control de la mente y a reuniones de meditación, pero se embarazaba extremadamente si tenía que estar delante de un grupo de personas y dirigirles la palabra; o incluso si tenía que moverse en una habitación repleta de personas.

El problema había alcanzado tales proporciones en su mente, que June comenzó a pensar que estaba enferma mentalmente, y se dirigió a un psicólogo en busca de ayuda.

Cuando le planteé la posibilidad de utilizar su propia mente para superar su timidez, se demostró escéptica. No obstante, se mostró dispuesta a intentarlo, ya que su vida estaba convirtiéndose en un martirio debido a la falta de confianza en sí misma y a su gran sensación de inseguridad.

Después de haber utilizado durante un mes las técnicas del Poder Total de la Mente, la actitud y personalidad de June cambiaron por completo y de manera positiva para ella. Se sentía entusiasmada al poder afirmar que jamás en su vida había tenido la estabilidad emocional que vivía en aquellos momentos.

Llegó a comprobar que necesitaba usar las técnicas del Poder Total de la Mente tres veces por semana para mantener su confianza, pero le resultaban tan fáciles y útiles que se mostró partidaria de continuar utilizándolas, especialmente desde que cayó en la cuenta de que su uso la beneficiaba en otras áreas, ya que estaba desarrollando una actitud más positiva hacia la vida y volviéndose más creativa.

Aunque la utilización de las técnicas del Poder Total de la Mente para alcanzar un objetivo concreto tiende siempre a regalar beneficios de bienestar general y de mayor serenidad, las directrices específicas para un resultado concreto son siempre las más eficaces.

La visualización mental siguiente es un modelo para los que buscan una mayor estabilidad emocional y desarrollar su potencial de la manera más completa.

Usted está adquiriendo confianza en sí mismo y observando una actitud más positiva en determinados asuntos de su vida.

Está desarrollando una estabilidad emocional que le da la capacidad de realizar sus tareas diarias; le confiere mayor vigor para enfrentarse a las situaciones cotidianas.

Se nota mucho menos ansioso y mucho más relajado en su vida diaria.

En consecuencia, se encuentra menos preocupado y deprimido.

Cae en la cuenta de que por su capacidad para relajar su 'mente y clarificar sus ideas se incrementa su agudeza mental y su inteligencia.

Y puede recordar cosas con mayor claridad que antes.

* * *

Su capacidad para aclarar su mente le da mayor creatividad.

Tiene nuevas ideas sobre las directrices de su vida.

Está mejorando el concepto que tiene de sí mismo y, por consiguiente, es más tolerante con el resto de las personas que le rodean en su vida cotidiana.

Como su talante se torna cada vez más positivo, camina por la vida de manera natural y relajada.

Está mejorando su capacidad de aprender, se halla en mejores condiciones para comprender las cosas que lee y escucha.

Si es estudiante, cae en la cuenta de que es capaz de concentrarse en los estudios con más intensidad.

A causa de su mayor capacidad para aprender, de la capacidad de memoria y de la incrementada aptitud para percibir, mejoran sus resultados académicos, y se siente más contento con sus estudios en general.

Advierte también que está desarrollando la capacidad para solucionar sus problemas académicos, así como los problemas de cada día, con mayor rapidez y precisión.

Desarrolla mayor energía y gusto por la vida, y ello le da más vigor con el que completar la obra de su vida.

Decrece su dependencia de otras personas y gana confianza en sí mismo e independencia respecto de los demás.

Es capaz de actuar con rapidez y de tomar decisiones en temas que se presentan en la vida.

Es capaz de percibir las motivaciones de las personas que le rodean.

En consecuencia, se hace más consciente de sus circunstancias y relaciones totales respecto de las restantes personas.

Como consecuencia de su nueva comprensión y percepción de las otras personas, desarrolla una tolerancia creciente hacia sus fallos.

Cae en la cuenta de las necesidades de esas personas y llega a sentir sus problemas como si fueran los suyos propios.

Comienza a ver a más gente como básicamente buena y desarrolla una capacidad para mantener relaciones interpersonales más amistosas.

159

Empieza a ver la parte humorística de la naturaleza humana y deja de tomar con tanta seriedad las cosas que carecen de importancia.

Comienza a desarrollar una mejor comprensión de sí mismo y de las personas que le rodean.

Dado que se siente más relajado alrededor de otras personas, se alegra al comprobar que está desarrollando una amistad hacia ellas.

Cae en la cuenta de que sonríe más que antes.

Tiene unos juicios más positivos sobre sí mismo y desarrolla un control interior que le da seguridad plena sobre sus acciones.

Desarrolla espontáneamente la simpatía y una actitud de entrega hacia las personas que le rodean.

Y la comprensión y captación de los sentimientos de su entorno —y de sus semejantes— se incrementan.

Mejora por completo la calidad de su vida, por lo que desarrolla una creciente satisfacción a la vista del incremento de su potencial humano.

Hay armonía en su vida... Mucho mayor que antes.

Esto le hace a usted más productivo.

Esto le lleva a ampliar su visión de las cosas.

Gana experiencias enriquecedoras.

Este enriquecimiento de pensamiento y de comprensión crea contento y elimina los sentimientos de irritabilidad y ansiedad.

Puesto que el *stress* ocupa menos lugar en su vida que antes de comenzar a utilizar el Poder Total de la Mente, se siente más realizado en su trabajo.

Se incrementan su eficacia y eficiencia.

Está generando una energía ilimitada y proyecta animación y entusiasmo.

El trabajo de su mente le ofrece excelentes reacciones ante la vida y ante los procesos de su raciocinio.

* * *

El Poder Total de la Mente ha hecho que se incrementen todos esos beneficios en su vida y alcancen unas proporciones ilimitadas.

Sus logros se hacen más impresionantes cada día que pasa.

Usted continúa creciendo hacia su potencial pleno.

161

26

COMO UTILIZAR EL PODER TOTAL DE LA MENTE PARA INCREMENTAR SU PERCEPCION EXTRASENSORIAL

La expresión «percepción extrasensorial» no tiene por qué indicar necesariamente poderes supranormales o supranaturales, sino simplemente una extensión de los sentidos, cualidad poseída probablemente por muchas personas, pero no utilizada. Igual sucede con su potencial mental.

No se ha probado aún científicamente si existe o no una percepción extrasensorial como función supranormal, pero el Poder Total de la Mente puede ayudar a incrementar su perceptividad en relación con el mundo que le rodea.

Con la ayuda del Poder Total de la Mente, puede aprender a «leer» a las personas, y hacerlo de una manera más rápida y precisa gracias a la intensificación de los sentidos y al aguzamiento de la intuición que actúa en nosotros en ciertos momentos. Usted tendrá que decidir si es capaz o no de desarrollar la capacidad de leer la mente de una persona o de ver en el futuro.

El incremento de esa perceptividad aumentará su capacidad para tomar decisiones y para mejorar sus relaciones con sus amigos y familiares. Cuanto más avance en este punto, tanto mejor para usted.

En cierta ocasión me encontré con un joven colega graduado que desempeñaba un puesto ejecutivo medio en una empresa en la que había que trabajar muy duro para alcanzar los primeros escalafones.

La conversación derivó a temas de percepción extrasensorial y parapsicología. Me sentí sorprendido al comprobar que Robert no estaba interesado en ellos, pues los consideraba como carentes de significación práctica. A medida que nos adentrábamos en el tema tuve la impresión de que éste le aterrorizaba y trataba de evitar la conversación.

Me resultaba difícil comprender su actitud porque, a mi juicio, el aumento de la sensitividad le supondría incalculables ventajas en su trabajo. Hay algunos artículos publicados sobre toma de decisiones en los que se habla de hombres de negocios que consiguieron notables éxitos gracias a su «sexto sentido». Se afirmaba que un buen ejecutivo debe poseerlo para juzgar correctamente una situación y tomar una decisión rápida y eficaz al respecto.

Cuando comencé a llevar la conversación por estos derroteros observé que Robert se sentía repentinamente interesado y comenzó a preguntar acerca de cómo desarrollar la percepción extrasensorial. Discutimos el tema de que las personas de éxito parecen tener corazonadas y el coraje de actuar de acuerdo con ellas. Me preguntó más acerca del Poder Total de la Mente, al que me había referido en nuestra conversación.

Algunos meses más tarde me llamó para comunicarme que había puesto en práctica las técnicas del Poder Total de la Mente y que se sentía totalmente satisfecho por los progresos realizados en su capacidad para tomar decisiones. Me comunicaba que gracias a esos progresos había podido promocionarse.

El desarrollo de la percepción extrasensorial puede reportar además otras ventajas. Sirve especialmente para corregir juicios sobre personas con las que nos tratamos a diario.

Jóvenes damas, y también caballeros, me confesaron haberse sentido «embaucados» por personas que encontraron en su vida. Fueron decepcionadas una y otra vez por el carácter e intenciones reales de otras personas hasta sufrir perjuicios.

Una vez desarrollado su «sexto sentido» innato será capaz de sentir al instante como deseables o indeseables las situaciones en que se vea. Comprenderá mejor la naturaleza de las personas que le rodean. De esta manera, podrá relacionarse con ellas y entablar una relación personal más agradable. El desarrollo de su potencial pleno para la comprensión de las personas le ayudará a enfrentarse mejor al mundo.

La visualización mental que ofrecemos a continuación es una guía para utilizar el Poder Total de la Mente como medio para incrementar su capacidad del «sexto sentido» y para adquirir estas claves extra sobre su propia vida y la vida que le rodea. Claves que conducen a un vivir más rico y provechoso.

Piense en una persona a la que conoce, pero desearía conocer mejor.

Visualice en su mente todo detalle referente a ella.

Recuerde todo cuanto se refiera al sujeto y proyecte esa imagen en una pantalla situada en la parte frontal de su mente.

Ve cada uno de los movimientos, gestos, acciones de la persona.

Ahora tiene un retrato completo del sujeto en un sentido físico y observa cada una de las cualidades físicas, desde la cabeza hasta la punta de los pies.

Ve sus vestidos, el color de su pelo, su peinado y estilo.
Ve todos los detalles de las expresiones faciales de esta persona, incluso la manera cómo mantiene su cabeza.

* * *

Centre su atención en los ojos y mire profundamente en ellos.
Perciba cada uno de los movimientos de los ojos, así como de los párpados y las cejas.
Se percata de cada uno de los aspectos de la faz del sujeto.
Toma nota de todas las diferentes maneras de mantener los hombros y las manos; puede ver las manos con todo detalle cuando estudia las líneas y la posición de las palmas.
Incluso la manera de caminar de la persona le da una idea de su forma de ser.

Después de visualizar todas estas cosas en su mente, forma algunas ideas generales sobre el sujeto.
Por ejemplo, de dónde venía, cuáles son sus motivos y actitudes, y qué dirección está tomando su vida.
Usted percibe las diversas actitudes de esa persona y las equilibra mientras hace una evaluación de su constitución.

Dirija su mente a ver el color que usted atribuiría a la personalidad de ese individuo.
Imagine este color formando un aura alrededor del sujeto y fíjese en él para ver qué sombras y tonos están presentes.
Usted sabe que una persona calmosa y relajada estaría rodeada, probablemente, de un aura azul, verde o azul-verde oscuro.

La persona que está nerviosa o ansiosa tiende a mostrar un color rojo, amarillento o anaranjado.

También sabe que si la persona está enferma, tal vez tenga colores a su alrededor que parezcan deslavazados o cambiantes.

Piensa en la salud de esa persona y en los problemas que ha podido tener en el pasado.

Concentra su mente con suma precisión en cada detalle e imagina todas las características de su vida.

Da rienda suelta a su mente para que imagine todas estas cosas a medida que va haciendo una pintura de todos esos estilos de vida individuales en su mente.

Ahora lo visualiza en una situación imaginaria creada por su mente; tal vez una situación en la que usted se encuentra con la persona por primera vez.

Toma nota de sus acciones, características y actitudes cuando la encuentra.

Forma una impresión acerca de la actitud mental de la persona hacia usted.

Cuando ha completado esta imagen, la retiene en su mente hasta que tiene otra oportunidad de encontrarla de nuevo y conversar con ella.

Después de realizar algunas experiencias de este tipo con el Poder Total de la Mente, notará que se ha producido un incremento de su capacidad de percepción. Comenzará a observar a las personas de forma distinta, y tomará nota de sucesos que antes olvidaba en seguida. La aplicación de esta nueva percepción a situaciones en grupo puede resultar extremadamente excitante. Y no digamos nada de lo entretenido que puede resultar.

Si desea experimentar con otras formas de percepción extra-sensorial, intente seleccionar palabras o símbolos que le son enviados por otra persona. Pida a un amigo que piense en un símbolo geométrico sencillo o en varios. Utilice el Poder Total de la Mente para centrar su mente en la visualización de estos símbolos. Tal vez le sorprendan los resultados.

Si logra retener firmemente más de cinco de los 25 símbolos que alguien intenta transmitirle, es que está logrando un resultado por encima de la media. Ello le indicará que está percibiendo con capacidad extrasensorial.

No cabe duda alguna de que su percepción en todas las áreas aumentará cuanto más utilice el Poder Total de la Mente para incrementar su potencial extrasensorial.

27

BENEFICIOS GENERALES DE LA UTILIZACION DEL PODER TOTAL DE LA MENTE

En los capítulos precedentes ha aprendido a utilizar las técnicas del Poder Total de la Mente para controlar problemas específicos, así como para llevar a su vida un sentimiento de armonía y la fijación de unos objetivos a alcanzar. Ha dedicado un tiempo especial a estas aplicaciones y seguido unas pautas determinadas, que son prácticas y ventajosas cuando se trabaja en soluciones a largo plazo.

Pero a veces los problemas surgen de manera inesperada. La vida de cada uno presenta una serie de crisis y traumas durante los cuales es útil tener a mano un instrumento rápido para calmar los nervios y resolver una dificultad. El Poder Total de la Mente, su propio remedio privado para su enfermedad, constituye una respuesta versátil y adaptable a tales situaciones.

En una situación traumática, como en el caso de un accidente, puede utilizar el Poder Total de la Mente para aliviar su ansiedad y tensión, así como los dolores físicos resultantes del mismo.

Puede utilizarse el Poder Total de la Mente, en cualquier momento o lugar, y durante el tiempo que uno desee. Un breve momento de consciencia concentrada en medio de un día lleno de ocupaciones o de confusión le proporciona un nuevo vigor para resolver satisfactoriamente sus tareas diarias.

Dado que el Paso Tres, la repetición, es una parte importante de las técnicas del Poder Total de la Mente, inevitablemente habrá almacenado en su memoria muchas, si no todas, de las visualizaciones mentales que haya utilizado.

Cuando surja una necesidad, se encontrará en condiciones de recordar y repetir para sí mismo una condensación de las palabras y frases de las visualizaciones mentales apropiadas. Automáticamente, su mente habrá resumido las visualizaciones para retenerlas. De esta manera, una grabación de 30 minutos atravesará su mente en unos segundos.

Esta aplicación del Poder Total de la Mente es especialmente valiosa en situaciones competitivas, tales como unas importantes conferencias o un partido de tenis o de golf. Para relajar su mente y concentrarse en la tarea a realizar en el momento presente utilice las técnicas del Poder Total de la Mente durante unos tres minutos, bien antes o durante la competición.

Una vez desarrolladas técnicas para unos problemas específicos, las tendrá siempre a mano para ayudarle en problemas similares o para ser adaptadas a otros nuevos.

Algunos de los beneficios son de contornos no demasiado definidos —pensemos en la desaceleración del proceso de envejecimiento y en el logro de una salud mejor—, y no es posible medir con exactitud los resultados en esas áreas. Pero existen fuertes indicios de que los beneficios descritos son enormes.

Beneficios más tangibles incluye el incremento de consciencia; mayor sensibilidad para contactar con las personas que le rodean y más habilidad para comportarse con ellas de manera grata; la expansión de su personalidad; la adaptabilidad incrementada y la capacidad para aceptar situaciones con calma y para conservar el sentido de la ecuanimidad en las crisis; y en la crecida confianza en sí mismo, de la que dimana una actitud más positiva.

28

EL USO DEL PODER TOTAL DE LA MENTE PARA GRUPOS Y PARA LA SOCIEDAD

La mayor parte de este libro ha estado dedicada al uso del Poder Total de la Mente para beneficio de las personas individualmente. Una vez descubra su valor deseará compartir las técnicas con sus amigos, bien de manera individual o en grupo.

El compartir las visualizaciones mentales y las técnicas incrementa la calidad imaginativa de cada uno de los participantes. Muchas personas disfrutan tomando parte en actividades de grupo y extraerán gran provecho de un esfuerzo compartido.

Si está trabajando en un grupo, puede reproducir las visualizaciones mentales grabadas para que sean escuchadas por todos, o canjear sus grabaciones para problemas similares. La utilización de algunas visualizaciones diferentes para el mismo problema probablemente incremente los efectos beneficiosos, puesto que ofrece una mayor variedad de aproximaciones de las que una persona sola puede imaginar.

Si todos los miembros de un grupo están interesados en cooperar sobre una única visualización mental para un problema

EL PODER TOTAL DE LA MENTE

compartido por todos, usted podrá crear una grabación extremadamente imaginativa y creativa. Podría redactarse esta visualización incorporando y coordinando todas las directrices y luego ser grabadas por una persona o por cada una en particular añadiendo una voz. Si la visualización mental va a ser utilizada por un grupo, debería ser formulada para la participación del mismo, y usted podría hacer que todo estuviera dirigido a tener las manos unidas y centrar juntos la consciencia.

Si el Poder Total de la Mente lleva, incluso cuando se practica individualmente, a una mejor comprensión de las personas, cuánto mayor será su eficacia para relajar tensiones y fomentar situaciones de grupo más confortables si el grupo entero comparte las técnicas formando una unidad.

Hace algunos años, me dirigía a un grupo en el campus de una universidad y les hablaba sobre una mayor aplicación del uso de la mente. Una de las muchachas del grupo dijo que ella, otras dos muchachas y tres muchachos estudiantes estaban viviendo juntos en una casa muy grande y compartían los gastos y el trabajo por igual, pero que eran frecuentes las discusiones por problemas sin importancia. Me dijo que se sentiría verdaderamente maravillada si el Poder Total de la Mente fuese capaz de ayudar a desterrar las discusiones.

Le sugerí que podría resultar entretenido para los seis construir visualizaciones mentales destinadas a ayudarles a vivir juntos más armoniosamente. Me limité a darles algunas sugerencias sobre cómo proceder.

La siguiente vez que encontré a la muchacha me contó que la redacción de nuevas visualizaciones, y el escuchar algunas de las antiguas relacionadas con sus dificultades, se había convertido en un ritual semanal. Me refirió que las cosas andaban mucho mejor entre ellos; que los miembros del grupo estaban ayudándose mutuamente en la redacción de visualizaciones para problemas específicamente personales.

Uno de los muchachos sufría de intensos y permanentes dolores de cabeza. Los otros cinco le ayudaron a redactar la visualización mental del Poder Total de la Mente que debería dirigir su mente a superar el problema. Sus dolores de cabeza se hicieron cada vez menos frecuentes.

Todos los miembros del grupo ganaron nueva confianza en el poder de sus propias mentes para ayudarles en sus problemas de la vida diaria.

Siempre que grupos de personas pueden superar sus mutuas ansiedades y tensiones, se incrementa su capacidad para comunicarse y para caminar juntos por la vida, codo con codo. Todos los beneficios individuales que produce el Poder Total de la Mente trabajan igualmente para el grupo que los pone en práctica.

La herramienta más importante que una persona posee para mejorar su salud física y su bienestar mental es su propia mente, cuyo potencial apenas si ha sido tocado. Si una persona trabajando sola, despertando las porciones dormidas de su mente, es capaz de cambiar dramáticamente su vida, cuánto mayor será el efecto de miles de personas, de mentes, trabajando individual y colectivamente por la salud, por la armonía y por una vida mejor para todos.

29

UTILIZAR EL PODER TOTAL DE LA MENTE PARA AUMENTAR LAS EXPERIENCIAS RELIGIOSAS

Hace algunos años, un amigo me invitó a comer y estuvimos hablando de las dificultades que tenía para encontrar sentido a su vida.

Me contó que siempre había sido una persona sumamente religiosa, pero que en la actualidad estaba alejado de sus creencias y de la iglesia. No se sentía unido a Dios.

Le pregunté si continuaba pensando que Dios jugaba algún papel en su vida, a lo que me respondió que había roto el contacto con Dios de tal manera que difícilmente podría sentir ya que Dios influyera en su vida.

Pregunté a mi amigo si nunca le había pasado por la imaginación utilizar más su mente para incrementar su consciencia de Dios, y le recordé la creencia de que la inmensa mayoría de las personas no utilizan sino el 10 por 100 de su potencial mental.

Estaba de acuerdo en que la inmensa mayoría de la gente probablemente no utiliza sino un pequeñísimo porcentaje de sus mentes, pero me dijo que no estaba seguro de que existiese un medio establecido para incrementar el porcentaje, y que no veía camino alguno que le ofreciera un mayor contacto con Dios mediante la utilización de su mente.

Le describí las técnicas del Poder Total de la Mente y me prometió que intentaría ponerlas en práctica, ya que deseaba desesperadamente sentir de nuevo que la presencia de Dios influía su vida.

Meses más tarde, mi amigo me llamó lleno de agradecimiento. Me confesó que había hallado un renovado interés por su iglesia y que recientemente resultó elegido para un consejo eclesial.

Me dijo que había utilizado las técnicas del Poder Total de la Mente como parte de sus sesiones de oración, desarrollando un nuevo y más poderoso sentimiento de Dios. Lamentaba únicamente no haber conocido antes estas técnicas. Se sentía tan entusiasmado con los resultados alcanzados, que estaba introduciendo las técnicas del Poder Total de la Mente en sus clases de la Escuela Dominical. Y con gran éxito.

Sea cual fuere su fe o su relación con Dios, puede ser enriquecida mediante la aplicación de la mente: incrementar su inspiración, fortalecer su fe, hacer que su vida de culto tenga mayor significación, elevar su experiencia de oración, intensificar la implantación de Dios en su vida, reforzar las enseñanzas de su fe.

Los líderes religiosos y los escritores que comparten su fe pueden suministrarle muchas ideas. Los detalles del procedimiento variarán de un individuo a otro, pero la siguiente visualización mental de Paso Dos que ofrecemos a continuación es un modelo útil para incrementar su inspiración y el sentimiento de cercanía a Dios. Puede combinarse más de un área de necesidades en la misma visualización mental, y la utilización de las técnicas del Poder Total de la Mente en grupos ayudarán a unirlos en la misma fe:

Con el ojo de la mente crea usted una pintura de una hermosa playa y se ve caminando por la arena.

Hace calor y la playa está desierta.

Decide quitarse los zapatos y los calcetines y siente la arena entre los dedos de los pies y el frío contacto de las olas cuando discurren mansamente por la arena y rompen alrededor de sus tobillos.

* * *

Unos diminutos pajarillos revolotean a su alrededor.

Puede escucharlos haciendo sus tenues ruiditos.

El aire está cargado de los olores del litoral y puede percibir la atomización de la sal en sus labios.

Cuando contempla el océano, se maravilla de la inmensidad del mundo; se ve envuelto en un profundo sentimiento de admiración por el universo y experimenta un gran sentido de unidad con el Creador.

Continúa caminando por la playa y se siente inundado de gozo por las maravillas de la creación de Dios, maravillas que se extienden a su alrededor.

Alcanza una senda que le conduce a una verde montañita y decide seguir el camino.

Cuando llega a la cumbre de la colina, se ve mirando un vasto panorama de arena y de agua.

En la distancia ve delfines saliendo del agua cuando juegan, y se siente maravillado por la complejidad de las criaturas de Dios.

175

Comienza a caer en la cuenta de que es una de esas maravillas, una creación única.

El aprecio de las obras de Dios le llena de un sentimiento intenso de iluminación y de regocijo.

Su fe se ha renovado y usted se hace plenamente consciente de Dios como presencia en la vida cotidiana.

En la parte más lejana de la colina hay una ladera placentera, poblada de hierba.

Se tumba sobre el césped y contempla las gaviotas que vuelan grácilmente, recortando sus siluetas contra el azul del firmamento.

El sol se encamina hacia el horizonte, tiñendo el firmamento de un oro puro que le recuerda la perfección de las obras de Dios.

Cuando el sol cae en el horizonte y se aproxima la oscuridad, ve surgir las estrellas y experimenta un sentimiento de admiración.

Se recrea con el sentido de la majestad del universo de Dios y experimenta una mayor consciencia del poder de Dios en su propia vida.

Su gozo parece aumentar con la aparición de cada nueva estrella.

Adquiere profunda conciencia de la fuerza y de los planes divinos y sabe que está a punto de comenzar a dirigir su vida de una manera más adecuada.

Siente una unidad con Dios que le confiere la permanente confianza su misericordia y bondad.

* * *

La totalidad de su ser se vuelve a la realidad de la presencia de Dios como fuerza omnipresente en su vida.

Usted se halla inundado de entusiasmo por la nueva dirección e inspiración que le ha dado este acercamiento hacia Dios.

En este instante sabe que siempre que necesite nueva inspiración, será capaz de rememorar este momento y la experiencia de la cercanía de Dios que ahora siente, renovar su fe y robustecer la prosecución de una meta en su vida.

30

MOTIVESE AL EXITO CON EL PODER TOTAL DE LA MENTE

El fracaso era el pensamiento dominante en la mente de mi amigo. «Parecía que yo siempre fracasaba; jamás podía hacer algo a derechas —decía Walter—. Me parece totalmente imposible comenzar algo que merezca la pena.»

Observaciones como éstas reflejaban los sentimientos de mi amigo antes de decidirse, siguiendo mi sugerencia, a utilizar el Poder Total de la Mente. Después de usar el Poder Total de la Mente, de realizar una carrera brillante como empresario y convertirse en un deportista competente, le pregunté cómo había utilizado las técnicas y le pedí me enseñara una visualización mental de las que había utilizado para conseguir tanto éxito.

Cuando Walter me entregó la visualización, me hizo una confesión sobre la enorme diferencia entre el Poder Total de la Mente y los restantes métodos utilizados por él con anterioridad. Los cursos, las lecturas, los libros sobre automotivación y pensamientos positivos le ofrecieron tan sólo una parte de las respuestas y exigían cantidades considerables de fuerza de voluntad y de con-

178

centración. Todos estos métodos requerían mucho esfuerzo, no resultaban agradables y sus resultados no eran permanentes.

Walter me confesó que hasta que utilizó el Poder Total de la Mente no encontró la técnica para utilizar todo el potencial que hiciera su éxito inevitable.

Aunque la vida que le rodeaba continuaba siendo la misma, ahora no tenía por qué ceder a su idiosincrasia, sino que, por el contrario, era capaz de controlar las situaciones e incluso manipularlas y cambiarlas para su provecho. Se había convertido en capitán de su nave y, como tal, era capaz de controlar su destino en vez de dejarse llevar por otra persona o circunstancia. Todo lo que Walter necesitaba era estar seguro de que el Poder Total de la Mente funcionaba... ¡Y funcionó! Utilizó los procedimientos paso-a-paso delineados en los capítulos anteriores y encontró una respuesta permanente a sus problemas.

La visualización mental del Paso Dos que presentamos a continuación incorpora muchas de las directrices que mi amigo utilizó en su visualización. Sea cual fuere el campo en que se pretenda el éxito, se aplicarán muchas de estas directrices. La visualización puede alterarse para acomodarla a una situación particular.

Imagine en su mente un gran teatro.

Usted está a punto de dirigirse al escenario para recibir un premio por haber conseguido triunfar en una tentativa concreta.

Cuando espera entre bastidores, recuerda algunas de las actitudes que ha debido desarrollar y las acciones que tuvo que emprender para llegar a triunfar.

En ese momento le invade un fuerte sentimiento de realización.

Está pensando en la manera cómo suplantó los pensamientos negativos con otros positivos, optimistas.

179

Atribuye gran parte de su éxito a su profundo cambio de
actitud y piensa en lo que le ayudó a motivarse.

Recuerda que comenzó visualizándose logrando éxitos, no
fracasos.

Esto le estimuló a buscar el éxito y a encontrar la senda del
triunfo.

Recuerda también que cuando abandonó el temor al fracaso desarrolló un intenso sentimiento de confianza en sí
mismo y comenzó a autodirigirse de manera más diná-
mica.

El efecto acumulativo de los pensamientos afirmativos y de
las acciones dio resultados excelentes y usted alcanzó
altas cotas en su vida.

Ellas le permiten ahora subir al escenario.

Oye en este momento anunciar su nombre y todos los asistentes aplauden cuando usted camina con paso decidido a
recibir la placa que lleva inscrito su nombre y un tributo a
sus grandes logros.

El maestro de ceremonias alaba los méritos acumulados por
usted para hacerse acreedor al premio que se le otorga.

Siente que se le admira.

Se fija en los asistentes y percibe su simpatía, su estímulo y
respeto cuando vuelven su mirada hacia usted.

Experimenta en este momento un sentimiento similar al de
haber resultado vencedor en una dura competición.

Sonríe al tiempo que agradece al anfitrión el premio y se jura
que continuará desarrollando nuevas y más positivas actitudes hacia cualquier tarea que le salga al paso en su
vida.

Recuerda también cómo, en determinados momentos de su
caminar hacia la meta, las cosas parecían difíciles.

Pero al persistir, comprendió que el logro de las cosas que

EL PODER TOTAL DE LA MENTE

merecen la pena exige una dirección continua y positiva de su mente.

Decide utilizar las técnicas del Poder Total de la Mente con perseverancia siempre que tenga que lograr una meta específica.

En este momento, el anfitrión le entrega la placa.

Siente usted su robusto marco de madera y lee las palabras grabadas.

Hablan de felicitaciones, y un profundo sentimiento de satisfacción le invade.

Escucha los aplausos de los asistentes y se siente inundado de un gozo indescriptible.

La excitación hace que su corazón lata aceleradamente, pero usted permanece calmado y seguro de sí mismo.

Cuando agradece a los asistentes y al anfitrión el premio, se siente más convencido que nunca de que su cambio a una actitud mental positiva le ha ayudado a alcanzar tal honor.

Recuerda cuando comenzó a utilizar la frase «¡Sí puedo!», en lugar de «¡No puedo!», y cómo casi al principio comenzó a alcanzar logros anteriormente considerados como imposibles.

Sus temores y dudas quedaron apartados y dejó de sentir miedo ante lo desconocido.

Es plenamente consciente de que el miedo es una enfermedad que decidió dejar de lado en su vida, pues constituye un impedimento para poder alcanzar las metas elegidas.

Baja del escenario con un fuerte sentimiento de confianza en sí mismo; escucha los aplausos que le tributan los asistentes y reafirma su intención de continuar alcanzando el éxito en cualquier empresa que emprenda.

La idea de que todo éxito conduce a otro éxito le empuja a

desechar de su vida todo pensamiento y acción negativo y
autodestructor.

La sensación del éxito le hace sentirse mejor que en ningún
otro momento de su vida.

Es importante que esta visualización mental de Paso Dos haya
estado precedida, al igual que todas las restantes, de una visualización de Paso Uno para concentrar su consciencia. La repetición
de las visualizaciones mentales tal como han sido delineadas para
el Paso Tres es también de vital importancia para que reciba los
beneficios del Poder Total de la Mente.

La mera sugerencia de pensamientos positivos es ineficaz. Es
preciso seguir al pie de la letra las técnicas tal como han sido
diseñadas en los capítulos anteriores. Existe una gran diferencia
entre sugerirle que haga algo y dirigirle a hacerlo desde la posición
de una consciencia concentrada. La diferencia reside en la utilización del 10 por 100 frente al 90 por 100 de su mente.

31

INCORPORACION DEL PODER TOTAL DE LA MENTE A SU VIDA DIARIA

AHORA QUE HA DESCUBIERTO COMO UTILIZAR EL PODER TO-
TAL DE LA MENTE, NO PERMITA QUE ESTOS BENEFICIOS SE
CONVIERTAN EN ALGO QUE PERTENECE AL PASADO. Este recurso válido que ha descubierto —ese 90 por 100 de su mente—
está con usted constantemente y no debería ser entregado al
olvido.

EL PODER TOTAL DE LA MENTE NO ES UN REGALO PARA UNA
SOLA VEZ, ALGO IRREPETIBLE. POR EL CONTRARIO, SE TRATA
DE UN FESTIN QUE PUEDE DELEITARLE DURANTE TODA LA
VIDA. La aplicación continuada de las técnicas del Poder Total de
la Mente hará que se sienta más entusiasta, le proporcionará
mejor salud, le dará mayor vitalidad y hará de usted una persona
más productiva. Será un ser humano más vital si mantiene el
Poder Total de la Mente a lo largo de toda su vida y no permite que
se convierta en una parte olvidada para siempre. Con la utilización
continuada del Poder Total de la Mente, experimentará un incre-

mento de las energías físicas y mentales y un gozoso sentimiento de plenitud física y emocional.

NO SE LIMITE A LEER LO ESCRITO SOBRE EL PODER TOTAL DE LA MENTE. ¡PRACTIQUELO! El Poder Total de la Mente no es simplemente un libro. Es una herramienta que se le entrega para que la utilice. Cuando vea y sienta los resultados después de su uso, deseará incorporarla a su vida, hacer de ella una parte tan vital como con sus funciones diarias. Efectivamente, si la convierte en una actividad diaria, se sentirá mejor, funcionará mejor y notará mejoría en su bienestar general.

LO IMPORTANTE ES RECORDAR QUE EL PODER TOTAL DE LA MENTE ESTARA CON USTED DURANTE EL RESTO DE SU VIDA. Una vez aprendidas las técnicas, no tiene necesidad de volver a aprenderlas. Los procedimientos del Poder Total de la Mente se convierten en compañeros para el resto de su vida. Hemos presentado los pasos en este libro: Concentración de la consciencia, dirigir su mente y seguir las directrices de la mente. Los pasos son siempre los mismos. Lo único que tiene que hacer es aplicarlos a sus necesidades particulares.

La utilización del Poder Total de la Mente puede marcar un hito en su vida: marcar la diferencia entre ser una persona apática o llena de esperanza, con una panorámica física y mental más saludable, mejor equipada para hacer frente a los desafíos y vencerlos.

¡NO DEJE EN CASA EL PODER TOTAL DE LA MENTE! El Poder Total de la Mente es usted, es su mente. En consecuencia, le acompaña a cualquier sitio que vaya. Uselo siempre que lo necesite. Su despacho, su casa, un campo..., donde quiera que se encuentre; cualquier lugar es apto para echar mano del Poder Total de la Mente. Y si prefiere aplicarlo en grupo, el Poder Total de la Mente ofrece también esta posibilidad. El Poder Total de la

Mente puede ser aplicado en una persona aislada o en un grupo concreto.

RECUERDE QUE LAS VISUALIZACIONES MENTALES QUE APA-RECEN EN ESTE LIBRO SON UNICAMENTE MODELOS QUE PUE-DEN SER ALTERADOS. He preparado visualizaciones para una gama variada de situaciones comunes y de problemas que he encontrado en mi consultorio, en el trato con los pacientes y con los amigos. Pueden utilizarse tal como aparecen en este libro o alterarlas con el fin de acomodarlas más a su situación concreta, para solucionar el problema peculiar que tiene delante o para mejorar su situación individual. Usted es el autor de sus visualizaciones.

SI NO ESTA SATISFECHO DEL DESARROLLO DE LOS ACONTECI-MIENTOS, DEBERIA INSPECCIONAR COMO EMPLEA EL TIEMPO. Si cae en la cuenta de que su vida carece de sentido, de que tiene escasa significación todo lo que hace y sus días están tan ocupados que no le dejan tiempo para realizar aquello que le gustaría, probablemente tendrá que proceder a un reajuste de su estilo de vida. Utilice el Poder Total de la Mente para que le ayude a redirigir su vida... y continúe utilizándolo hasta que encuentre la satisfacción deseada.

EL PODER TOTAL DE LA MENTE ES NUEVO. Le está diciendo cómo utilizar el 90 por 100 de su mente, olvidado completamente hasta el presente. Hasta ahora, sólo el 10 por 100 de su mente ha trabajado para usted. A partir de este momento, utilizando las técnicas que se describen en este libro, el Poder Total de la Mente trabajará para usted y le regalará una vida mejor.

VUELVA A LEER ESTE LIBRO CUANDO VEA QUE NECESITA RE-FRESCAR LAS TECNICAS. Permita que este libro le sirva de guía,

DONALD L. WILSON

de modelo para realizar su misión. Es sencillo, fácil de comprender. Y cuando caiga en la cuenta de que está durmiéndose en la aplicación adecuada del Poder Total de la Mente, dedique algún tiempo a refrescar sus técnicas. Utilice este libro y volverá a encontrarse en el camino adecuado.

INDICAMOS A CONTINUACION OTRAS AREAS EN LAS QUE ES POSIBLE APLICAR TAMBIEN EL PODER TOTAL DE LA MENTE. He intentado cubrir un amplio espectro de situaciones diversas, pero existen otras muchas, y usted puede desarrollar visualizaciones propias para hacerles frente. Compártalas con otras personas de manera que también ellas puedan aprovecharse. Comparta sus problemas y la forma de solucionarlos contándomelos por correo, de manera que yo pueda incluirlos en una futura edición del Poder Total de la Mente. La dirección a la que puede enviar sus visualizaciones mentales aparece escrita en la página 190 de esta obra.

Areas en las que otros han aplicado el Poder Total de la Mente:
Mejorar las dotes artísticas.
Mitigar las tensiones producidas por los dolores continuos de cabeza.
Recordar acontecimientos pasados.
Aliviar las alergias.
Reentrenar los músculos.
Controlar la temperatura de la piel.
Eliminar la dislexia en la lectura.
Incrementar la creatividad.
Entrenamiento de la relajación.
Controlar las arritmias del corazón.
Influir la actividad de las ondas cerebrales.
Controlar los continuos dolores de cabeza.
Disminuir los ataques epilépticos.

Control de las ondas cerebrales alfa.
Prevenir espasmos musculares.
Cambiar la concentración del ácido estomacal en las úlceras.
Mejorar los resultados de la acción.
Influir los reflejos galvánicos de la piel.
Aprender a tocar instrumentos musicales con mayor facilidad.
Incrementar las capacidades intuitivas.
Control de las funciones intestinales.
Controlar el acné y otras enfermedades de la piel.
Mejorar la realización de las tareas.
Entrenamiento del sistema de acomodación visual.
Reducir la respuesta del cuerpo al *stress*.
Mejorar y agudizar los sentidos.
Controlar los insomnios y los trastornos del sueño.
Autorregulación de los problemas emocionales.
Mayor toma de conciencia de uno mismo y de los que le rodean.
Mejorar las habilidades mecánicas.
Robustecer y aumentar las sensaciones y emociones placenteras.

PODER TOTAL DE LA MENTE.—DIAGRAMA DE PROGRESO

Meta a alcanzar o
Problema a solucionar

                             Lunes   Martes   Miércole

Primera semana

Segunda semana

Tercera semana

Semanas siguientes:

    Debajo del lunes de la primera semana, escriba una breve nota de su situación actual o de la circunstancia a mejorar. Anote y conserve sus progresos diarios o semanales cuando aplica el Poder Total de la Mente.

Jueves   Viernes   Sábado   Domingo

Para más información:

Para conveniencia del lector, el Total Mind Power Institute dispone de *cassettes* grabados con todos los ejercicios de visualización mental de este libro. También hay *cassettes* para el entrenamiento en los ejercicios de visualización que cubren todas las técnicas del Poder Total de la Mente tal como fueron ampliadas en diversas conferencias por el autor.

Para pedir detalles al Instituto o mantener correspondencia con el Dr. Wilson, escribir a:

The Total Mind Power Institute
San Francisco Regional Center
5 Bon Air Road
Larkspur, California 94939
(EE. UU.)

TITULOS DE LA COLECCION NUEVOS TEMAS